校本课程开发案例精选

庞 莲 ◎ 主编

湖南师范大学出版社

·长沙·

图书在版编目（CIP）数据

校本课程开发案例精选 / 庞莲主编. --长沙：湖南师范大学出版社，2025.6

-- ISBN 978 - 7 - 5648 - 5872 - 8

Ⅰ. G632.3

中国国家版本馆 CIP 数据核字第 20254MV051 号

校本课程开发案例精选

Xiaoben Kecheng Kaifa Anli Jingxuan

庞　莲　主编

◇出 版 人：吴真文

◇责任编辑：王　璞

◇责任校对：曾　敏

◇出版发行：湖南师范大学出版社

　　　　　　地址/长沙市岳麓区　邮编/410081

　　　　　　电话/0731 - 88873071　0731 - 88873070

　　　　　　网址/https：//press. hunnu. edu. cn

◇经销：新华书店

◇印刷：长沙雅佳印刷有限公司

◇开本：710 mm × 1000 mm　1/16

◇印张：10. 25

◇字数：250 千字

◇版次：2025 年 6 月第 1 版

◇印次：2025 年 6 月第 1 次印刷

◇书号：ISBN 978 - 7 - 5648 - 5872 - 8

◇定价：58. 00 元

前　言

　　《基础教育课程改革纲要》规定：学校要开发或选用适合本校的课程。在当今快速变化的教育环境中，校本课程开发成为学校提升教育教学质量、满足学生个性化需求的重要手段。校本课程的开发不仅有助于丰富学校的课程体系，更能为学生提供更加多样化、个性化的学习选择，促进学生全面发展。校本课程开发的核心在于满足学生的需求，关注学生的兴趣和特长，以及促进学生的自主学习能力和创新能力的培养。在校本课程开发过程中，学校需要充分考虑学生的实际情况，结合学校的特色和优势，以及社会的需求和发展趋势，进行课程的设计和开发。

　　教师是校本课程开发的实际主体，需要具备校本课程开发的能力，能够独立或合作完成课程的设计、实施和评价工作；而师范生是未来教师，也要学会开发校本课程。同时，校本课程开发也需要学校领导的支持和指导，以及家长和社会的参与和认可。校本课程开发是一个持续的过程，需要不断地进行反思和改进。学校应该建立完善的校本课程开发和管理制度，提供必要的资源和条件，鼓励教师进行课程创新和实践，不断提升校本课程的质量和效果。总之，校本课程开发是学校教育教学改革的重要组成部分，也是学校提升教育教学质量的重要途径。通过校本课程开发，学校可以更好地满足学生的需求，培养学生的综合素质和创新能力，为学生的未来发展奠定坚实的基础。

　　本书提供了三种课程类型，共19个案例。知识拓展课程类型提供了8个案例，文体特长课程类型提供了4个案例，综合实践课程类型提供了7个案例。

　　本书紧密结合当前中小学校本课程开发情况，从理论出发，精心设计校本课程开发案例，供读者参考使用。最后，需要特别说明的是，每一个案例仅仅代表作者个人想法。

C目 录
Contents

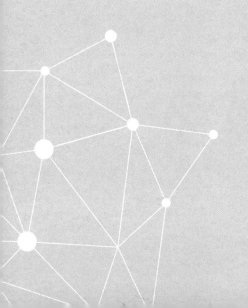

上编

知识拓展类

案例1 用"心"呵护"心"的健康

【一般项目】

课程名称：用"心"呵护"心"的健康

课程性质：知识拓展

适应年级：初一

总课时：18课时

▷▷▷ **课程说明**

心理健康对于一个人的身心健康、人际关系、生活幸福感等方面有着极其重要的影响。你想学习心理学知识吗？你想洞察心灵深处的自己吗？

本课程通过环境适应、认识自我、有效学习、社会交往、学会生活、自我保护六个单元的学习，帮助学生掌握心理发展特点以及影响因素，获得心理健康的基本概念和基础知识。其一，通过相关案例分析，掌握一些基本的心理健康知识，并能将其与日常的学习和生活紧密联系，进行有效自我调节；其二，通过课堂活动和经验分享，体会和感悟心理健康的重要性，不断提高心理素质。

健康的一半是心理健康。透视心灵，关注成长；触抚生命，助人自助；挖掘潜能，完善自我。让我们一起用"心"呵护"心"的健康吧！

【具体方案】

▷▷▷ **背景分析**

1. 学校育人目标

学校以"明德明心，求实求是"为校训，"爱生敬业，乐教善导"为教风，"尊师重道，乐学善思"为学风，坚持以人为本，尊重学生的人格，遵循学生的心理发展规律，根据学生成长过程的需要，在学校的教育过程中为学生提供心理方面的帮助和服务，以达到充分发挥学生潜能、促进形成中学生心理健康和个性主动发展的目标，让每一位学生在活动中了解自我、悦纳自我、调控自我、实现自我、超越自我；在教育活动中，学会认知、学会做事、学会做人、学会共处。

2. 学生发展需求

初一是一个转折期，是从小学进入中学的过渡期，学生不仅要面临学习环境、学习任务与内容的变化，还要面临着人际关系的重新组建和对校园环境的适应。此外，他们已经开始进入青春发育期，身体、心理都发生着急剧变化，存在各种矛盾心理。心理健康的诸多问题，已严重地影响了学生正常的学习、生活和交往，阻碍着他们的健康成长。开设心理健康活动是学校"心育"的极为重要的载体，它的作用是其他各种"心育"载体所无法替代的。

▷▷▷ **课程资源**

1. 校内资源

环境资源：符合学生心理发展特点的校园文化和班级文化。

人力资源：学校有 9 名教师在大学学习的是教育专业，已经学习了心理学以及教育学的专业知识。

网络资源：学校通过心理咨询室开设云班会、心理微课、线上心理咨询、学校心理公众号专栏等形式进行心理咨询。

2. 校外资源

社会资源：向学校开放有关心理方面的图书馆及博物馆，允许老师带队参观。

▷▷▷ **课程目标**

1. 知识与技能

（1）知道青春期是人生中最为宝贵的阶段；了解青春期产生烦恼是正常的现象。

（2）正确对待和消除烦恼，掌握与人沟通的技巧和方法，做到成长不烦恼，在快乐中健康成长。

2. 过程与方法

（1）通过教学引导学生敞开心扉，真诚表达出心中的爱，鼓励学生在课堂上认真倾听别人的发言，敢于发表自己的见解。

（2）学生通过学习方法与思维方式的辅导训练，会正确面对学习和升学的压力。

（3）提高应对烦恼保持乐观心情的能力。

3. 情感、态度与价值观

（1）乐观、正确地对待成长中的烦恼，这是正常的人生历程。懂得中学阶段是人格形成与发展的重要时期，应形成正确的人生观与价值观。

（2）充分认识到青春期在人生成长过程中的重要意义，养成乐观开朗的性格，注意克服闭锁心理，愉快度过人生的美好青春时光，为一生的成长奠定基础。

▷▷▷ **课程内容**

第一单元：环境适应篇

C1：走进心灵成长课（1课时）

C2：适应初中生活（1课时）

第二单元：认识自我篇

C1：认识自我（2课时）

C2：当情绪的主人（1课时）

C3：让我们拥有自信（1课时）

第三单元：有效学习篇

C1：积极应对学习压力（1课时）

C2：制订学习计划（2课时）

C3：科学管理时间（1课时）

第四单元：社会交往篇

C1：我和我的"伙伴"（2课时）

C2：与父母面对面（1课时）

第五单元：学会生活篇

C1：健康快乐地生活（1课时）

C2：如何应对早恋（1课时）

第六单元：自我保护篇

C1：保持心理健康（1课时）

C2：做生命的守护人（1课时）

C3：学生谈收获（1课时）

▷▷▷ **课程实施**

（1）主要的教学方法：直观法、口述法、教师指导下的学习活动法。

（2）主要的学习方法：自主学习、合作学习、探究学习。

（3）所需的教学条件：多媒体设备、相关视频资源。

单元主题	课程内容	学习内容	实施要求	主要教学方法和学习方法
第一单元 环境适应篇	第一课 走进心灵成长课（1课时）	1. 学习心理健康的来历、相关概念和意义。2. 观看心理健康的视频。3. 完成小组分组	1. 教师向学生讲述心理健康的相关信息。最后教师进行总结。2. 学生观看心理健康视频，分组讨论对这些视频内容的感受和自己理解中的心理健康	1. 教师运用心理健康视频，讲述视频的相关信息。2. 学生通过合作学习讨论心理健康
	第二课 适应初中生活（1课时）	1. 了解初中与小学生活、学习的差异。2. 分析进入新环境后出现的适应问题的原因	1. 教师引导学生寻找进入新环境后解决适应问题的方法。2. 学生认识中学的学习环境，提高生活适应能力	教师通过指导学生学习活动，引导学生合作和探究学习，共同完成任务，解决在探究过程中遇到的问题
第二单元 认识自我篇	第一课 认识自我（2课时）	1. 学习如何正确认识自我，反思自身的优点和缺点。2. 使用二分法分析和认识自我	1. 教师讲解二分法的理论和效果。2. 学生比较以前的自己与现在的自己，扬长避短	1. 教师运用讲述法讲解二分法的概念。2. 学生通过自主学习，认识自我
	第二课 当情绪的主人（1课时）	1. 学习情绪健康标准，学会情绪自我调节的方法。2. 培养积极的情绪，探讨适度表达自己的情绪的方法	1. 教师讲解情绪健康标准。2. 学生观看如何适度表达自己情绪的方法的视频，并小组总结表达自己情绪的方法	1. 教师运用多媒体教学法、讨论法，创设情景并利用视频口述情绪健康的标准。2. 学生通过二分法、探究学习和合作学习，学习课堂传授的理论知识，掌握调节情绪的方法，认识自我，树立自信心

续表

单元主题	课程内容	学习内容	实施要求	主要教学方法和学习方法
	第三课 让我们拥有自信 （1课时）	1. 学习自信的定义，明确自信在学习和生活中的重要性。 2. 学生了解自己的自信程度，掌握培养自信的技巧	1. 教师讲解自信的定义和掌握树立自信心的方法。 2. 学生通过自信小测试了解自己的自信程度，小组讨论培养自信的技巧	1. 教师通过讲授法，讲解自信的意义，以及如何让自己充满自信面对生活中的困难。 2. 学生通过小测验和讨论法，了解自信程度，并掌握培养自信的技巧
第三单元 有效学习篇	第一课 积极应对学习压力 （1课时）	1. 心理小测试，了解自己学习压力的情况。 2. 学习如何缓解学习压力	1. 教师通过发放学习压力调查表，测试学生的学习压力。 2. 通过介绍缓解学习压力的方法，学生自主选择适合自己的缓解方法	1. 教师运用直观法和口述法。 2. 学生通过接受学习和合作学习，学习课堂传授的理论知识，并小组讨论感受
	第二课 制订学习计划 （2课时）	1. 明确自己的目标。 2. 学生制订学习计划	1. 教师通过案例讲述良好的自制力是取得成就的必要条件。 2. 学生明确自己的学习目标，并制订适合自己的学习计划	1. 教师运用案例分析法，让学生了解拥有良好自制力的必要性。 2. 学生通过探究合作学习方法制订适合自己的学习计划
	第三课 科学管理时间 （1课时）	1. 了解时间的特性，理解时间的重要性。 2. 能树立爱惜时间、合理利用时间的意识	1. 教师引导学生体会时间的紧迫性、加强自控力。 2. 学生探究归纳时间的特点	1. 教师通过引导法，让学生学习如何科学管理时间。 2. 学生通过探究法，理解时间的重要性

续表

单元主题	课程内容	学习内容	实施要求	主要教学方法和学习方法
第四单元 社会交往篇	第一课 我和我的"伙伴" （2课时）	1. 故事感悟"什么是伙伴"。 2. 如何寻找合适的伙伴。 3. 守护心灵，相伴成长	学生通过《三个和尚》的故事畅谈感想，分享自己的交友秘诀，把想对自己的伙伴说的话写在心愿卡上，送给伙伴	1. 教师运用交流讨论法，通过故事让学生畅谈感想。 2. 学生分享交友秘诀，写下对伙伴的心里话
	第二课 与父母面对面 （1课时）	学习如何与父母沟通。 （1）了解父母，沟通就有主动权。 （2）敞开心扉，沟通起来无顾忌。 （3）笑口常开，沟通起来无障碍	1. 教师给出图表"学生与父母沟通情况调查结果"，让学生观察图表发表言论。 2. 学生畅谈如何沟通无顾忌、无障碍	教师给出图表"学生与父母沟通情况调查结果"，引导学生观察、了解学生与父母的沟通情况，教学生和父母如何有效沟通
第五单元 学会生活篇	第一课 健康快乐地生活 （1课时）	1. 了解日常生活的不良心理及主要表现。 2. 学会运用合理的方法调节心态，笑对生活中的不如意，健康快乐地生活	1. 教师首先通过案例分析日常生活的不良心理及主要表现，归纳几种调节心态的方法，然后播放富有感染力的"微笑"视频，帮助学生以积极健康快乐的心态面对生活。 2. 学生讨论并分享日常是如何自我调节情绪的	1. 教师运用引导法和口述法，利用视频展示学生在生活中快乐的瞬间，让学生体会快乐的真谛。 2. 学生通过接受学习和合作学习，学习课堂传授的理论知识，并小组讨论感受
	第二课 如何应对早恋 （1课时）	1. 了解早恋产生的原因，正确认识早恋对中学生的学习及生活所产生的危害。 2. 学会如何预防早恋行为的发生	1. 教师通过案例分析早恋产生的原因及早恋行为的危害并归纳总结，帮助学生树立正确的交友观。 2. 学生讨论并分享：若你是案例中两位同学之一，该怎么办	1. 教师通过案例分析法，讲解如何应对早恋。 2. 学生通过合作学习，掌握如何应对早恋

续表

单元主题	课程内容	学习内容	实施要求	主要教学方法和学习方法
第六单元 自我保护篇	第一课 保持心理健康 （1课时）	1. 认识心理健康的重要性。 2. 适应校园生活，正确认识自我、完善自我，提高心理素质	教师通过让学生观看有关心理健康的视频，普及心理健康知识的重要性；并让学生设计以心理健康为主题的手抄报，加深每位同学对心理健康的认识	1. 教师通过直观法和讲述法，讲述心理健康知识。 2. 学生通过动手设计手抄报，提高心理知识水平
	第二课 做生命的守护人 （1课时）	1. 认识生命的可贵，尊重生命、珍爱生命。 2. 明白生命的积极意义，形成积极的人生态度	教师营造守护生命的场景，学生通过分组实践挽救生命的过程，学习如何自救与他救。进而激发学生热爱生命的情感	1. 教师通过情境教学法和演示法讲述每个生命是来之不易的。 2. 学生在他人人生经历中学习感悟如何去守护自己的生命，懂得生命的可贵
	第三课 学生谈收获 （1课时）	1. 填写心理健康调查表。 2. 写课程总结，分享自己的收获	1. 教师通过心理健康调查表，分析学生对心理健康的认知程度。 2. 学生通过写课程总结，分享自己对心理健康的收获	1. 教师指导下的学习活动法。 2. 学生填写问卷调查表，并且写课程总结，探究学习本课程的收获

▷▷▷ **课程评价**

1. 评价活动

（1）教师通过日常生活观察，评价学生的心理活动。

（2）教师通过开展心理活动，评价学生对自我认识的情况。

（3）教师通过心理问卷形式，评价学生的心理状况。

（4）学生通过撰写日记，感知自己的情绪。

（5）学生根据课堂表现、参与程度和学习态度进行自评。

2. 成绩评定

（1）出勤（30%）：每次课记录学生出勤情况，累计6次课未参加学习，本部分成绩记零。

（2）课堂表现（30％）：根据心理活动课讨论区的发言、积极举手回答的情况给予评价。

（3）作业（40％）：根据课后作业完成的次数和批改记录评定得分结果。

评分表

一级指标	二级指标	教师评分 （50％）	组员评分 （30％）	学生自评 （20％）	总分
出勤（20％）	出勤率				
课堂表现 （20％）	认真听讲 积极发言 参与度				
作业（40％）	作业次数 批改记录				
总分					
等级					

注：0～60分为D；61～77分为C；78～87分为B；88～100分为A。

［本案例编写者：冯桂诗（组长）、文少艳、韦江晓、黄耀萍、陈杨洋、孟 欣、梁菲菲、李玉慧、陈丽华］

案例 2 拥抱青春，笑迎花季

【一般项目】

课程名称：拥抱青春，笑迎花季

课程性质：知识拓展

适应年级：初一

总课时：16 课时

▶▶▶ **课程说明**

青春健康教育，能帮助同学们正视自己青春期的身心变化，为今后健康成长、快乐学习和生活打下基础。

这门课程帮助初一学生了解青春期发育的特点，学会应对生理发育带来的一些心理困惑和问题。本课程共十六个课时，从认识青春期的自己、学会正确与异性交往、保护自己、性健康教育这四个方面展开教学。

你对自己身体了解吗？你对自己身体发出的信号能正确认识吗？你常对异性之间的交往感到疑惑吗？如果你想解决这些问题，那么，就让我们一起走进青春期的世界！

【具体方案】

▶▶▶ **背景分析**

1. 学校育人目标

学校坚持"以人为本"的教育思想，以传承创新校园文化为切入口，以"健康身心、现代文明、厚博知识、自主发展"为育人目标，实施阳光德育的育人方略，构建阳光德育校本课程，营造"健康、阳光、和谐、发展"的育人氛围。该课程的学习能提高学生思想道德素养，促使学生昂扬自信、青春活泼、健康向上，养成良好的卫生习惯。

2. 学生发展需求

初中生正处于青春期，但由于受到我国传统观念的影响，学生的性教育状况不容乐观。部分学生在性心理和生理上存在不正确的认识和理解，对敏感问题避而不谈。在男生女生交往问题上，部分学生会把握不好交往的分寸，没有很强的自我保护意识，缺乏性道德意识和社会责任意识。

▷▷▷ **课程资源**

1. 校内资源

学校有一定程度的课程自主权，有明确的办学理念；有民主、开放、合作的学校氛围；有多媒体教学设备和教科书；有校刊、小报、广播站等校园媒体。教师有一定的专业能力。

2. 校外资源

在学校附近有公共图书馆、科技馆等，以及社区组织和校外学科专家，这些都可以为课程提供良好的资源。

▷▷▷ **课程目标**

1. 知识与技能

(1) 学习和认识身体重要部位，了解自我保护的重要性。

(2) 掌握正确交往的方法和技巧。

2. 过程与方法

(1) 能依据青春期的特点，在日常生活中能正确处理好人际关系。通过小组合作的方式，进行合理的角色分配，对青春期有更加深入的了解。

(2) 通过观看案例、查阅资料等探究过程，培养分析解决问题的能力和交流表达的能力。

3. 情感、态度与价值观

(1) 建立"健康第一"的理念，养成青春期的卫生习惯，形成健康向上的心理和行为习惯，体验青春的美好，获得自信。

(2) 正确认识自我，建立良好的人际关系，学会良好的沟通表达方式，正确表达自己的情感。

▷▷▷ **课程内容**

第一单元：认识青春期的自己

C1：认识青春期（1课时）

C2：进入青春期的女生（1 课时）

C3：青春期心理健康（1 课时）

C4：青春期卫生（1 课时）

第二单元：正确与异性交往

C1：友情还是爱情（1 课时）

C2：早恋有害吗？（1 课时）

C3：把握男女交往的分寸（1 课时）

C4：异性交往的艺术（1 课时）

第三单元：交往的同时学会保护自己

C1：青少年学会自我保护方法（1 课时）

C2：预防性骚扰（1 课时）

C3：预防艾滋病（1 课时）

C4：利用正当防卫，保护自我权益（1 课时）

第四单元：性教育

C1：人的生殖教育（1 课时）

C2：初中生性健康教育（1 课时）

C3：青少年性犯罪成因及预防（1 课时）

C4：爱情与人生（1 课时）

▶▶▶ 课程实施

（1）主要的教学方法：直观法、讲授法、课堂讨论法。

（2）主要的学习方法：合作学习、探究学习、自主学习。

（3）所需的教学条件：多媒体设备、相关的图片及图片构图资源、教学视频。

单元主题	课程内容	学习内容	实施要求	主要教学方法和学习方法
第一单元认识青春期的自己	第一课认识青春期（1 课时）	1. 认识青春期的特点。2. 了解青春期典型的心理特点	1. 教师讲授青春期的特点后播放突出青春期典型特点的视频。2. 学生看完视频后小组讨论，谈谈对青春期的认识	1. 教师通过直观法，多媒体出示关于青春期特点的图片和视频。2. 学生在合作学习中感受青春期特点

续表

单元主题	课程内容	学习内容	实施要求	主要教学方法和学习方法
	第二课 进入青春期的女生 （1课时）	1. 学习女生进入青春期后的第二性征。 2. 教育学生正确看待自己身体出现的变化	1. 教师通过问卷调查的形式了解学生身体的变化，并讲解女生进入青春期的第二性征有哪些。 2. 学生提出困惑，学习女生青春期的相关知识，正确看待自己身体出现的变化	1. 教师通过问卷调查法和口述法解决学生的疑问。 2. 学生通过自主学习理解青春期带来的变化
	第三课 青春期心理健康 （1课时）	1. 学生了解青春期心理特点。 2. 学生正确对待青春期心理的萌动	1. 教师播放相关视频，让学生结合身体发育，谈谈自己在心理方面的感受。 2. 学生小组讨论如何对待青春期心理的萌动，了解心理健康的知识，懂得青春期心理发展的必然性，减少好奇心	1. 教师通过口述法和课堂讨论法讲解青春期心理健康的知识。 2. 学生运用课堂讨论法，理解心理健康的重要性
	第四课 青春期卫生 （1课时）	1. 了解第二性征和经期卫生。 2. 掌握最基本的青春期卫生常识	1. 教师播放关于第二性征出现的视频，PPT演示讲解青春期基本的卫生常识。 2. 学生观看视频，了解第二性征出现的原因，学习基本的青春期卫生常识，培养良好的卫生习惯	1. 教师通过直观法讲解第二性征和基本的青春期卫生常识。 2. 学生自主学习，分享观看视频后的感受，学会基本的青春期卫生常识

续表

单元主题	课程内容	学习内容	实施要求	主要教学方法和学习方法
第二单元 正确与异性交往	第一课 友情还是爱情 （1课时）	1. 友情和爱情的定义。 2. 区分友情和爱情的界限	1. 教师用多媒体讲解友情和爱情的界限： （1）情感的强度； （2）行为和互动； （3）希望和承诺； （4）吸引力； （5）友谊的前提是纯洁。 2. 学生观看影视作品，并分组讨论，发表对友情和爱情的看法	1. 教师运用直观法和口述法，利用多媒体辅助教学。 2. 学生通过观看视频和合作交流形式，学习课堂理论知识
	第二课 早恋有害吗？ （1课时）	1. 了解什么是早恋。 2. 早恋的利弊。 3. 开展"早恋的利与弊"辩论赛	1. 教师讲解早恋的特点，抛出问题：什么是早恋？让学生思考和讨论。播放早恋对自身影响的视频案例。 2. 学生通过了解早恋的危害案例，谈谈早恋的利弊，以"早恋的利与弊"为题展开辩论	1. 教师通过多媒体播放案例，运用讲授法讲解早恋的特点，组织开展辩论赛。 2. 学生通过观看视频，合作交流，有序辩论早恋的利弊，正确认识早恋
	第三课 把握男女交往的分寸 （1课时）	1. 男女交往的原则。 2. 男女相处的底线	1. 教师通过案例，让学生讨论男女交往的原则。 2. 学生讨论男女相处的底线，总结出把握男女交往的分寸的原则	1. 教师通过演示法、讲授法，讲授男女相处的底线和原则。 2. 学生通过案例分析出男女相处的底线原则，学会把握住男女交往的分寸
	第四课 异性交往的艺术 （1课时）	1. 青春期异性该不该交往。 2. 青春期异性应该如何交往	1. 教师通过课件分享案例，引导学生讨论异性同学该不该交往，以及异性间要如何交往。 2. 学生分组讨论后发言，总结异性交往的必要性和尺度	1. 教师通过课堂讨论法引导学生思考交往的艺术，将主动权交给学生。 2. 学生通过合作学习对案例进行思考，学习异性交往的艺术

续表

单元主题	课程内容	学习内容	实施要求	主要教学方法和学习方法
第三单元 交往的同时学会保护自己	第一课 青少年学会自我保护方法 （1课时）	1. 了解生活中会遇到什么样的危险。 2. 掌握自我保护方法。 3. "花式"角色扮演，学会保护自己	1. 教师组织学生小组讨论生活中会遇到哪些危险，并进行分享，帮助学生树立安全意识。 2. 学生探讨自我保护的方法，再通过角色扮演，懂得如何保护自己	1. 教师组织学生运用课堂讨论法进行分享。 2. 学生通过探究学习完成角色扮演的实践活动
	第二课 预防性骚扰 （1课时）	1. 了解什么是性骚扰。 2. 观看有关性骚扰的视频并相互讨论性骚扰的行为有哪些。 3. 了解预防性骚扰的方法或技巧	1. 教师讲解性骚扰的概念，播放有关性骚扰案例的视频。 2. 学生谈谈自己对性骚扰的理解和看法，总结如何预防性骚扰	1. 教师运用直观法和口述法，组织学生观看案例视频，讲述相关知识。 2. 学生合作学习，讨论对性骚扰的理解
	第三课 预防艾滋病 （1课时）	1. 认识艾滋病以及艾滋病的传播途径。 2. 感染艾滋病的危害。 3. 了解预防艾滋病的措施。 4. 开展"签名游戏"	1. 教师结合教学课件讲解艾滋病的概念以及艾滋病的传播途径有哪些。 2. 学生观看感染艾滋病的危害以及如何预防艾滋病的相关视频。结合视频，总结如何预防艾滋病。让学生在"签名游戏"中体会艾滋病的传播速度和严重性	1. 教师采用直观法和讲解法让学生了解艾滋病。 2. 学生探究学习，体会艾滋病的传播速度及其严重性
	第四课 利用正当防卫，保护自我权益 （1课时）	1. 理解正当防卫的定义。 2. 学习如何利用法律武器保护自己	1. 教师通过视频案例讲授当受到侵害后怎样通过法律保护自己的合法权益；组织学生开展情景模拟活动。 2. 学生展开情景模拟的活动，学习如何维权	1. 教师运用直观法和口述法进行理论教学，组织学生开展情景模拟活动。 2. 学生在合作学习探索中学会如何维权

续表

单元主题	课程内容	学习内容	实施要求	主要教学方法和学习方法
第四单元 性教育	第一课 人的生殖教育 （1课时）	1. 人的生殖系统的认识。 2. 开展"名词竞猜"活动	1. 教师利用教学课件，给学生讲述人的生殖系统的组成；组织学生开展"名词竞猜"活动。 2. 学生小组讨论，说出正确的性卫生习惯有哪些，回顾本节课所学内容，总结本节课的知识点和传达的思想	1. 教师运用直观法和口述法，让学生认识生殖系统、身体发育的特点。 2. 学生通过探究学习，正确认识人的生殖系统，培养良好的性卫生习惯
	第二课 初中生性健康教育 （1课时）	1. 不健康的性行为的种类及其对健康的危害。 2. 何为安全性行为	1. 教师以培养学生正确的性卫生习惯为切入点，向学生提出问题：不健康性行为有哪些？不健康性行为的危害？ 2. 学生小组讨论交流，回答问题	1. 教师运用直观法和课堂讨论法，提问学生不健康性行为有哪些。 2. 学生通过探究学习知道不健康性行为的危害，树立正确的、健康的性行为意识
	第三课 青少年性犯罪成因及预防 （1课时）	1. 性侵害的含义及分类。 2. 青少年性犯罪的特点。 3. 性防卫及其分类	1. 教师利用课件讲解性侵害的含义以及分类的依据，出示相关图片。 2. 学生讨论图中属于哪一种性侵害的类型。在观看视频后，总结青少年性犯罪的特点有哪些及该如何预防青少年性犯罪	1. 教师运用直观法和口述法，引导学生思考如何正确地预防青少年性犯罪。 2. 学生通过探究学习和合作学习，小组讨论感受与预防的措施
	第四课 爱情与人生 （1课时）	1. 正确的爱情观和人生观。 2. 爱情在人生中的意义	1. 教师通过短片中的生活案例，让学生畅谈什么是爱情，正确的爱情观是怎样的，人生观是什么，正确的人生观应该是怎样的。 2. 学生合作交流，讨论在现实生活中，爱情起到了什么作用，有什么意义，回答教师提出的问题	1. 教师运用直观法和口述法，向学生提出相关问题。 2. 学生通过合作学习，体会正确的爱情观和人生观对个人的影响，树立正确的爱情观和人生观

▷▷▷ **课程评价**

1. 评价活动

（1）教师通过课堂观察评价每位学生的课堂表现。

（2）教师通过学生角色扮演、玩游戏的表现等评价小组的分工情况和学生的学习情况。

（3）学生分组讨论问题、合作分析问题，有利于培养学生团队精神。

（4）学生能够从容面对青春期生理和心理的变化，对青春的内涵有较为深入的认识，保持一种向上的心态迎接青春期的到来。

（5）学生通过撰写课程感想，体会学习本课程的意义，并谈谈自己的收获。

（6）学生通过组内互评的方式对组内成员的表现进行评价。

（7）学生根据课堂表现、参与程度和学习态度进行自评。

2. 成绩评定

（1）课堂表现（20%）：其中认真听讲占10%，踊跃发言、积极思考占10%。

（2）课堂活动（30%）：根据学生参与游戏的积极性、拍摄活动视频、分享交流心得评定。

（3）课后作业（50%）：完成作业的程度。

评分表

一级指标	二级指标	教师评分（50%）	组员评分（30%）	学生自评（20%）	总分
课堂表现（20%）	认真听讲 积极思考 踊跃发言				
课堂活动（30%）	游戏参与的积极性 拍摄活动视频 分享交流心得				
课后作业（50%）	完成作业的程度				
总分					
等级					

注：0～60分为D；61～77分为C；78～87分为B；88～100分为A。

［本案例编写者：何卓捷（组长）、张春雪、容明惠、黄霞、陈文凤、陈月平、黄璟、杨焕淑、冯富妹］

案例 3 趣味数学

【一般项目】

课程名称：趣味数学

课程性质：知识拓展

适应年级：初一

总课时：18 课时

▶▶▶ **课程说明**

何为趣味？就是要把"数学有趣，数学有用，数学不难"的理念放在第一位，让学生在趣味化、生活化的数学教学活动中，自主地建构数学知识。趣味数学以传统的课堂教学为基础，通过讲、学、练这一科学有效的训练方法，培养学生的数学兴趣和教学思维，采用的开放、创新的思维模式，集中体现了素质教育思想。

在这里，我们不仅可以发现数学的美，还可以增长我们的趣味数学知识，培养探索合作学习的能力，体验学习趣味数学的乐趣，本课程有十八个课时，为同学们打开了趣味数学的新世界。

你想感受趣味数学的魅力吗？你想去享受趣味数学的乐趣吗？如果你有一颗探索趣味数学的心，请关注本课程，跟着我们一起去感受趣味数学之美吧！

【具体方案】

▶▶▶ **背景分析**

1. 学校育人目标

学校坚持以"厚博知识，自主发展"为育人目标，旨在让学生认真努力学习，自主创新发展。在本课程中，我们的数学教学将融合不同数学领域的知识，这不仅有助于提升学生整体数学素养，更能帮助其构建完整的知识体系。这种教学方式与学校"厚博知识"的教育理念完美契合。我们运用动手操作的合作学习方法，让学生自主探究、动手操作，这是学校"自主发展"教育目标的体现。因此本课程开发将有助于学校育人目标之达成。

2. 学生发展需求

从小学升到初中，面对课程增加，作业量大，数学知识越来越广，也越来越难，学生对数学的学习兴趣不高。随着课程改革的深入，越来越多学生需要多种方位的学习方法，因而有必要让学生了解趣味数学这门课程。经过本课程的学习，学生发现数学好玩、数学有用、数学有趣，能用数学的思维去解决生活中的简单问题，从而培养学生对数学的热爱，并能用心学好数学这门课。

▷▷▷ **课程资源**

在教师方面，教师本人对数学深有研究，并在开发本课程前已有过实践操作，具有一定的素材积累，也会运用数学工具去解决趣味数学中的实际问题。

在教学资源方面，学校有较为齐全的多媒体设备，能够在教学中充分使用，发挥运用信息技术的图文视频及其他类型教学资源的作用，有效提高初中数学课堂的趣味性和丰富性。

▷▷▷ **课程目标**

1. 知识与技能

（1）了解趣味数学中所蕴含的数学知识及原理，并能运用已有的数学知识去解决趣味数学中的问题。

（2）能运用趣味数学来解决日常生活和学习中的一些基本问题。

2. 过程与方法

（1）通过学习趣味数学的题目，开拓学生的知识面，开阔学生的视野。

（2）学生亲自参与趣味数学的实践活动，从而增强动手能力。

3. 情感、态度与价值观

感受趣味数学的魅力，激发和调动学生学习趣味数学的兴趣，形成良好的学习数学的习惯，促进学生综合素质的发展。

▷▷▷ **课程内容**

预备单元：数学无处不在

C1：人身上的"尺子"（1课时）

第一单元：走进数学王国

C1：邮票的买法（1课时）

C2："百鸟图"中的数字谜（1课时）

C3：托尔斯泰的割草问题（1课时）

C4：国王的考题（1课时）

第二单元：巧解数学趣题

C1：巧用正负数（1课时）

C2：抽屉原理（1课时）

C3：巴霍姆围地（1课时）

C4：有趣的排数问题（1课时）

第三单元：数学的世界

C1：开门请当心——实数——绝对值（2课时）

C2：数学中的"整容术"——换元法（2课时）

C3：翻个跟斗——分式——倒数法（2课时）

第四单元：智慧源于指尖

C1：摸球之谜（1课时）

C2：正方形的巧妙分割（1课时）

C3：数字谜语的制与猜（1课时）

▶▶▶ 课程实施

（1）主要的教学方法：演示法、直观法、口述法、讲授法、教师指导下的学习活动法。

（2）主要的学习方法：自主学习、合作学习、探究学习。

（3）所需的教学条件：多媒体设备、相关的教具及各种数学趣题。

单元主题	课程内容	学习内容	实施要求	主要教学方法和学习方法
预备单元 数学无处不在	第一课 人身上的"尺子" （1课时）	1. 学习人身上有哪些尺子。2. 用人身上的尺子去测量生活中的各种物品。3. 完成小组分组	1. 教师向学生讲述人的身上有很多把尺子。2. 学生知道身上有哪些尺子，并用身上的尺子来测量生活中各种物品	1. 教师运用演示法和口述法，向学生演示身上的各种尺子，讲述身上尺子的相关信息。2. 学生通过合作学习自己测量

续表

单元主题	课程内容	学习内容	实施要求	主要教学方法和学习方法
第一单元 走进数学王国	第一课 邮票的买法（1课时）	1. 利用方程组解决购买邮票的问题。 2. 与小组成员交流合作	1. 教师通过买邮票的问题，提示利用方程组解决问题，由三元一次方程组变为学生熟知的二元一次方程组。 2. 学生利用方程组解决一些日常生活中的问题	1. 教师运用直观法和口述法，创设情景引入趣味课题，与数学发生联系。 2. 学生通过教师提示后自主探究，合作交流，感受数学的符号方程组与图形的巧用
	第二课 "百鸟图"中的数字谜（1课时）	1. 引入古诗让学生思考其中奥妙。 2. 分析思考诗中出现的数字如何使用符号得出一百只鸟	1. 教师讲述古诗的由来与内涵，激起学生的好奇心，提示学生符号的妙用。 2. 学生先独立思考，课后小组讨论	
	第三课 托尔斯泰的割草问题（1课时）	1. 学习利用数学中的图形巧妙解答全队人一天完成割草量与一人一天完成的割草量的关系。 2. 与小组其他成员讨论交流	1. 教师引导学生画图并列出数学算式。 2. 学生感受割草问题与数学的联系，讨论交流割草问题中所含的数学算式	
	第四课 国王的考题（1课时）	1. 学习利用数学中的完全平方和完全立方求解最小自然数。 2. 与小组其他成员交流	1. 教师分析引导学生列出数学算式。 2. 学生讨论并分享如何计算出最小自然数	1. 教师指导下的学习活动法和口述法。 2. 学生利用合作学习和探究学习，共同完成学习任务

续表

单元主题	课程内容	学习内容	实施要求	主要教学方法和学习方法
第二单元 巧解数学趣题	第一课 巧用正负数 （1课时）	1. 学习正负数概念和意义。 2. 正确读、写正负数，感悟"0"的内涵	教师给出情景问题，小组探究解决问题；教师向学生讲解概念和意义，学生进行小结概括	1. 教师运用讲授法，讲解正负数相关内容和抽屉原理。 2. 学生通过合作与讨论，感受知识的实际应用
	第二课 抽屉原理 （1课时）	1. 理解抽屉原理的概念。 2. 与小组成员交流问题	1. 教师讲解抽屉原理。 2. 学生理解抽屉原理，小组讨论问题	
	第三课 巴霍姆围地 （1课时）	1. 发现巴霍姆围地与矩形有联系。 2. 与小组成员进行交流	教师讲解巴霍姆围地的故事并提出问题，引导学生发现巴霍姆围地与矩形计算有关联	1. 教师运用情境教学法和讨论法，学生利用合作和探究学习，小组讨论感受巴霍姆围地与矩形内容的联系。 2. 学生探究运用数学知识解决排数问题
	第四课 有趣的排数问题 （1课时）	1. 根据排数的知识，深入学习排数问题。 2. 能发现排数的规律	1. 教师举例讲解简单的理论内容，进一步深化内容。 2. 学生感受排数问题的奥秘	
第三单元 数学的世界	第一课 开门请当心——实数——绝对值 （2课时）	1. 学习使用数轴，借助数轴理解绝对值的几何意义。 2. 理解实数的绝对值等于某一正实数	1. 教师通过具体的举例，简要说明已经学过的数，由此引发学生的思考。 2. 学生观察并思考图中用到了什么数，体会生活中处处有数学	教师运用讲授法、演示法和引导归纳法进行讲授，创设问题情境，激发学生兴趣和探究的欲望，引导学生合作交流、自主探究和小组讨论，引导学生利用换元法和发现法，发现问题和解决问题
	第二课 数学中的"整容术"——换元法 （2课时）	1. 学习换元法的基本理论和方法。 2. 能利用换元法进行计算和解决实际问题	1. 教师引导学生学习和识记换元法的概念，出示题目并分析题目的结构特征。 2. 学生清解题思路，寻找解题技巧，感受换元法的与众不同	

续表

单元主题	课程内容	学习内容	实施要求	主要教学方法和学习方法
	第三课 翻个跟斗——分式——倒数法 （2课时）	1. 理解倒数的意义，会求一个数的倒数。 2. 能发现0没有倒数	1. 教师通过出示口算题，引导学生进行简单的口算并分类，揭示课题，直奔重点。 2. 学生从中理解倒数的意义，并讨论如何求一个数的倒数，以及0为什么没有倒数	
第四单元 智慧源于指尖	第一课 摸球之谜 （1课时）	1. 学习利用数学概率中的可能性进行摸球游戏。 2. 能发现摸球有多种可能性	1. 教师通过摸球游戏，着重传授概率中的可能性。 2. 学生感受摸球游戏乐趣，讨论并分享摸球的多种可能性	1. 教师运用引导发现法，通过展示蕴含的数学知识，引导学生发现这些趣味问题与数学的联系。 2. 学生通过动手操作和合作学习，学习课堂传授的理论知识，小组合作动手操作有关的数学趣味活动
	第二课 正方形的巧妙分割 （1课时）	1. 学习正方形的等面积分割：十字分割与非对称分割。 2. 欣赏艺术与设计中的美学分割	1. 教师通过将正方形分为四个面积相等的小正方形或通过对角线形成四个全等三角形，使学生掌握正方形的巧妙分割。 2. 学生欣赏艺术与设计中的美学分割并在教师指导下掌握正方形的巧妙分割	
	第三课 数字谜语的制与猜 （1课时）	1. 学习数字谜语的制与猜。 2. 能发现数学名词与谜语联系	1. 教师通过谜语引导学生发现谜底，并学会制作数字谜语。 2. 学生感受猜谜语的乐趣，动手制作谜语并与同学分享	

▷▷▷ **课程评价**

1. 评价活动

（1）教师通过课堂观察评价每位学生的课堂表现。

（2）教师通过课堂回答的形式评价学生对趣味数学基本知识的了解程度。

（3）教师通过观察学生在动手操作过程中的参与度和组员分工安排情况评价学生的动手实践能力和小组合作协调能力。

（4）教师通过学生日常作业评价学生对趣味数学的掌握程度。

（5）学生通过组内互评的方式对组内成员的表现进行评价。

（6）学生根据课堂表现、参与程度和学习态度进行自评。

2. 成绩评定

（1）课堂表现（10%）：上课积极程度，小组讨论结果，上课认真听讲。

（2）能力掌握（30%）：掌握数学知识中的趣味知识，学会运用数学来解决趣味问题。

（3）综合测评（50%）：运用课程知识，掌握课程知识。

（4）课程总结（10%）：撰写课程收获，对以后的期望。

评分表

一级指标	二级指标	教师评分（50%）	组员评分（30%）	学生自评（20%）	总分
课堂表现（10%）	上课积极程度 小组讨论结果 上课认真听讲				
能力掌握（30%）	掌握数学中的趣味知识 学会运用数学来解决趣味问题				
综合测评（50%）	运用课程知识 掌握课程知识				
课堂总结（10%）	撰写课程收获 对以后的期望				
总分					
等级					

注：0～60分为D；61～77分为C；78～87分为B；88～100分为A。

［本案例编写者：顾思瑜（组长）、朱晓媚、李盈杏、周淑清、梁丹南、韦玉锦、李沁蔚、李鑫］

案例 4　解密数学

【一般项目】

课程名称：解密数学

课程性质：知识拓展

适应年级：初三

总课时：18 课时

▷▷▷ **课程说明**

同样的数学概念，是否具有不同的诠释？同样的数学题目，是否有着不同的计算方法？同样的数学公式，是否代表着不同的含义？

解密数学可以让我们体会不同数学家的思想，了解数学家发现定理的趣味小故事，感悟数学定理，寻求数学真相。本课程共十八个课时，从古今中外四个方面展开，采用口述、视频、图片等教学方式，培养学生的口头表达能力和探索能力。学数学，其乐无穷；用数学，无处不在；爱数学，受益终身。希望同学们以更高的学习热情投入学习，掌握更多的数学知识，学会更多的数学方法。

看到这里你是否对本课程产生极大的兴趣？那么就让我们走进数学，学习数学！

【具体方案】

▷▷▷ **背景分析**

1. 学校育人目标

学校遵循"成人成才成功"的育人理念，构建"立德立学立志"育人体系，坚持以"博学健美，笃行善思"为校训，全员育人，全面推行素质教育，坚持五育并举，用科学的育人导向，培养人格完整、身心和谐的学生。本课程的目标是培养学生对数学知识和思想的理解，以及解决实际问题的能力。同时注重培养学生的数学思维能力，包括逻辑思维、创造性思维和批判性思维。最重要的是提高学生的数学素养。

2. 学生发展需求

初中生正值青春期，对事物充满好奇心，学习热情较高，但是注意力容易分散，对一些知识点会感到枯燥乏味，对数学的学习热情较低。从数学家的有趣小故事出发，由故事的趣味性、生动性，激发学生的学习兴趣，吸引学生的注意力，加深其对数学知识的了解，从而达到提高数学素养和教学效果的目的。同时数学家的生平和精神将激励学生积极向上，从数学角度解决问题的方式可以培养学生的创新精神。

▶▶▶ **课程资源**

1. 校内资源

（1）学校教材资源：教材是学生必备的基本课程资源，本课程通过把教材中的基础知识与生活中的事情联系起来，从而激发学生学习数学的兴趣。

（2）实践活动材料：为了学生在课堂上能够充分地参与活动，在活动中更好地理解重要的数学概念和方法，学校有实物材料和设备（如计数器、打字板、立体模型多媒体），供学生开展实践活动。

（3）图书馆资源：学校图书馆应该基本满足学生课外阅读的需要，这对于扩大学生的知识面、激发学生的学习兴趣都起着重要的作用。学校图书馆有充足数学资源，用以开阔学生的视野，丰富教师的教学资源。

2. 家庭生活中的资源

家庭生活当中存在很多的数学问题，积极并且有创造性地利用好家庭中的课程资源，充分挖掘家庭生活当中的深层价值。例如：某天下雨概率问题，买菜找补问题等。

▶▶▶ **课程目标**

1. 知识与技能

（1）能够正确了解定理的来源及其内容，并说出有关的数学小故事。

（2）将所学知识与已有知识相结合，并了解其在计算机中的应用。

（3）能够运用所学知识，以某数学家为例，说出其在数学史上的成就。

2. 过程与方法

（1）学习数学家的优秀成果，感受数学的美。

（2）与小组成员讨论数学定理的证明方法，体会数学的逻辑思维。

（3）运用所学知识，解决实际问题。

3. 情感、态度与价值观

（1）研究数学史的辉煌历史成就，树立起数学文化自信的基石，从而激发学生们学习数学的热情与动力。

（2）体会数学思维能提供严谨的分析方法和决策支持。

▷▷▷ **课程内容**

第一单元：数学

C1：数学的意义（1课时）

C2：为什么要学习数学（1课时）

第二单元：解密数学——名人趣事

C1：阿基米德与浮力定律（1课时）

C2：费马猜想（1课时）

C3：祖暅与祖暅原理（1课时）

C4：刘徽——《九章算术》（1课时）

第三单元：解密数学——古代趣闻

C1：鸡兔同笼（1课时）

C2：金字塔测高（1课时）

C3：π的研究1（1课时）

C4：π的研究2（1课时）

C5：勾股定理1（1课时）

C6：勾股定理2（1课时）

C7：从1加到1000（1课时）

C8：国王和数学家的故事（1课时）

第四单元：解密数学——网络画板

C1：计算机与数学的相互影响（1课时）

C2：网络画板基础操作（1课时）

C3：网络画板快速制作函数图像（1课时）

C4：网络画板制作猫狗图像（1课时）

▷▷▷ **课程实施**

（1）主要的教学方法：直观法、口述法、实际操作法、教师指导下的学习活动法。

（2）主要的学习方法：接受学习、自主学习、合作学习、探究学习。

（3）所需的教学条件：多媒体设备。

单元主题	课程内容	学习内容	实施要求
第一单元 数学	第一课 数学的意义 （1课时）	1. 学习"数学"两字的来源。 2. 学习数学的意义。 3. 完成小组分组	教师向学生讲述理论层面上学习数学的意义。 学生小组讨论数学的来源及其意义
	第二课 为什么要学习数学 （1课时）	1. 思考为什么要学习数学。 2. 与小组其他成员交流想法	教师提出为什么要学习数学，针对学生的回答进行评价。 学生思考自己为什么要学习数学，与小组成员讨论想法
第二单元 解密数学——名人趣事	第一课 阿基米德与浮力定律 （1课时）	1. 了解阿基米德的生平事迹。 2. 学习浮力定律（阿基米德原理）及其在生活中的应用。 3. 完成学生分组	教师利用多媒体展示阿基米德的人物肖像，叙述人物生平事迹，并讲解浮力定律相关知识点。 学生通过观看视频了解阿基米德发现浮力定律的小故事，同时以小组为单位合作交流生活中有关浮力定律的现象有哪些
	第二课 费马猜想 （1课时）	1. 介绍费马的生平以及成就。 2. 了解费马猜想的证明过程	教师向学生介绍费马的生平故事及相关成就。 学生观看费马猜想证明过程相关的视频，了解费马猜想的证明，学生小组讨论各自的收获，感受其中的数学之美
	第三课 祖暅与祖暅原理 （1课时）	1. 学习祖暅的生平事迹及其数学成就。 2. 学习祖暅原理。 3. 了解古代数学著作有哪些	教师由圆周率引出祖冲之进而引出祖暅，接着讲述祖暅的生平事迹及其数学成就，之后讲解祖暅原理的求证过程，并以提问的形式对知识点进行总结。 学生以小组为单位查阅古代的数学著作

续表

单元主题	课程内容	学习内容	实施要求
	第四课 刘徽——《九章算术》 （1课时）	1. 介绍刘徽的生平以及成就。 2. 分别介绍《九章算术》在代数方面和几何方面的成就	教师向学生介绍刘徽的生平故事及相关成就。 学生观看《九章算术》在代数方面和几何方面的成就的相关视频。 学生小组讨论各自的收获，感受其中的数学之美
第三单元 解密数学—— 古代趣闻	第一课 鸡兔同笼 （1课时）	1. 学习古人解决鸡兔同笼问题的方法。 2. 学习运用一元一次方程及二元一次方程来解决鸡兔同笼问题。 3. 讨论应用方程的知识可以解决实际生活中的哪些问题	教师通过多媒体引入古代鸡兔同笼的问题，引导学生读懂古代题目。 学生观看古人解决鸡兔同笼问题的视频，了解古人解决鸡兔同笼问题的方法，并以小组为单位合作交流，探究可以用哪些方法来解决问题；学习应用方程的知识来解决鸡兔同笼问题，讨论可以应用方程解决生活中哪些与鸡兔同笼问题类似的实际问题
	第二课 金字塔测高 （1课时）	1. 学习泰勒斯测量金字塔的故事。 2. 学习金字塔测高中应用到的相似三角形相关的知识	教师引入古代埃及金字塔，引导学生思考古人是如何测量金字塔高度，接着讲述古希腊哲学家泰勒斯利用影长测量金字塔高度的故事，之后讲解泰勒斯测量的原理，其中应用到相似三角形的相关知识，并提问学生可以应用相似三角形解决生活中的哪些实际问题。 学生课后感兴趣可以应用知识测量树木等高度

续表

单元主题	课程内容	学习内容	实施要求
	第三课 π的研究1 （1课时）	1. 了解古人对 π 的研究过程的方法。 2. 学习模仿古人化整为零的数学思想	教师通过多媒体引入圆的周长以及圆内切正多边形，引导学生读懂古人割圆术的运用。 学生观看割圆术求 π 的视频，了解古人对 π 的研究过程以及方法，以小组为单位合作交流，探究如何用化整为零的思想来解决问题，讨论如何运用化整为零思想解决生活中与求周长与面积类似的实际问题
	第四课 π的研究2 （1课时）	1. 学习国际历史上各个时期对 π 的研究过程以及 π 的精确度的不断变化，感受数学发展过程的一个缩影。 2. 尝试用割圆术求 π	教师播放《圆周率发展历程》视频，带领学生回顾上节课的中国古代对于圆周率的研究过程，并与国际上对于圆周率的研究过程进行融合。 学生分组尝试运用割圆术求 π
	第五课 勾股定理1 （1课时）	了解勾股定理的来源	教师询问学生对勾股定理的了解，随后使用多媒体向学生展示一系列中外勾股定理的趣味故事，通过趣味故事增强学生学习兴趣，教师展示趣味例题，提出问题。 学生分小组讨论总结，讲述解题过程，明白定理的运用在实践体验上学习数学的意义
	第六课 勾股定理2 （1课时）	1. 明白勾股定理意义及用法。 2. 体验应用勾股定理的乐趣	
	第七课 从1加到1000 （1课时）	1. 学生自己计算 1 加到 50，然后找规律。 2. 学生再计算 1 加到 100，老师来讲述其中的数学知识。 3. 学生自主计算 1 加到 1000	教师讲解知识点。 学生自主探究从 1 加到 50 等于多少，并合作交流从 1 加到 100 等于多少

续表

单元主题	课程内容	学习内容	实施要求
	第八课 国王和数学家的 故事 （1课时）	1. 了解数学家阿基米德和国王下棋的故事。 2. 学习故事中所包含的数学知识。 3. 让同学们说出自己所了解到的数学家的故事	教师利用多媒体来展示数学家阿基米德和国王下棋的故事，让同学们想一想阿基米德用到了什么数学知识，国库中的粮食为什么会越来越少，到最后会不够。 学生分享所知道的别的数学家的故事
第四单元 解密数学—— 网络画板	第一课 计算机与数学的 相互影响 （1课时）	1. 计算机和数学的发展历程。 2. 计算机和数学之间的相互关系	教师介绍计算机和数学的发展历程。 学生分组讨论计算机和数学之间的联系，然后向全班汇报。同时，学生自行搜索和了解计算机和数学之间的联系，并写一篇关于计算机和数学之间的相互关系的文章。最后学生提交文章，并进行互评
	第二课 网络画板基础 操作 （1课时）	1. 网络画板的基本操作。 2. 网络画板的使用方法	教师演示网络画板的基本操作，例如创建新画板、绘制点、建立坐标系、绘制函数等。 学生自行操作网络画板，熟悉网络画板的基本操作。自行完成一些简单的绘图作业，并将作业发布到网络上。最后学生相互评价作业，提出改进意见
	第三课 网络画板快速制 作函数图像 （1课时）	1. 快速制作函数图像。 2. 函数图像的绘制方法	教师介绍如何使用网络画板快速制作函数图像，并演示一些常见的函数图像的绘制方法。 学生自行操作网络画板，绘制一些简单的函数图像，并相互交流和讨论。学生自行选择一些复杂的函数图像进行绘制，并将作品发布到网络上。最后学生相互评价作品，提出改进意见

续表

单元主题	课程内容	学习内容	实施要求
	第四课 网络画板制作猫狗图像 （1课时）	1. 简笔画在数学图像中的应用。 2. 利用网络画板制作猫狗图像	教师介绍如何使用网络画板制作猫狗图像，并演示一些常见的绘制方法。 学生自行操作网络画板，绘制一些简单的猫狗图像，并相互交流和讨论。学生自行设计猫狗的形态和颜色，并制作出自己满意的作品。最后学生相互展示作品，并进行评价和讨论

▷▷▷ **课程评价**

1. 评价活动

（1）教师通过课堂观察评价每位学生的课堂表现。

（2）教师通过课堂发言、小组讨论、完成课堂任务的结果，评价学生对课堂数学知识的掌握情况。

（3）教师可以根据每个学生的不同需求和特点，给予个性化的指导和辅导，帮助学生提高口语表达能力、思考和解决问题的能力等。

（4）教师通过课堂作业以及个人的课程总结，评价学生的对课程数学知识的实际操作能力、合作能力和探究能力。

（5）学生通过组内互评的方式对组内成员的表现进行评价。

（6）学生根据课堂表现、学习态度、课程作业进行自评。

2. 成绩评定

（1）课堂表现（10%）：上课出勤率、积极程度、团队协作。

（2）能力掌握（30%）：实际操作能力、合作能力和探究能力。

（3）课程作业（50%）：小组作业25%、个人作业25%。

（4）课程总结（10%）：回忆数学定理、总结数学方法、撰写课程收获。

评分表

一级指标	二级指标	教师评分 （50%）	组员评分 （30%）	学生自评 （20%）	总分
课堂表现 （10%）	上课出勤率 积极程度 团队协作				
能力掌握 （30%）	实际操作能力 合作能力 探究能力				
课程作业 （50%）	小组作业 个人作业				
课程总结 （10%）	回忆数学定理 总结数学方法 撰写课程收获				
总分					
等级					

注：0~60 分为 D；61~77 分为 C；78~87 分为 B；88~100 分为 A。

[本案例编写者：王以亮（组长）、赖金龙、邱国梁、符佳慧、陈舒梅、胡卓梁、黄显淇、黄姬贞、杨少军]

案例 5 网络"神"板

【一般项目】

课程名称：网络"神"板

课程性质：知识拓展

适应年级：初三

总课时：18 课时

▶▶▶ 课程说明

你是否觉得数学学习枯燥无趣？你是否觉得数学知识抽象难懂？你是否觉得数学图形复杂恐怖？

这门课程将带你感受做数学、玩数学的快乐。"网络'神'板初相识"带你了解网络画板的神奇之处；"快速入门有妙法"带你快速学会基础操作；"函数图像的绘制"带你绘制函数的动态图像并了解函数的性质特点；"几何变换"带你直观地感受平移、旋转、轴对称、放缩带来的图像变化；"平面几何"带你感受平面几何图形的动态演示；"立体几何"带你透视立体图形，提高空间想象能力。

你将和小伙伴一起在做中学，在玩中学，一起感受数学魅力。

【具体方案】

▶▶▶ 背景分析

1. 学校育人目标

学校以"成人成才成功"的育人理念，以"立德立学立志"的育人体系，帮助学生树立正确的人生观、价值观、道德观，确立远大的目标和志向，使其成为品德高尚、热爱科学的人。因而，要为学生搭建更好的学习平台，寓教于乐，融学于趣，化教于心。学习中，很多知识都是枯燥无趣的，是抽象的，是令人难以理解的。不能因为抽象而"恐惧",而要努力把抽象变为具体、变成直观。网络画板就是让"无趣"的几何图形"动"起来,使其生动有趣。通过网络画板,学生对几何图形的理解会更加深入,可以认识几何的美,发现几何的有趣,激发学习兴趣,学会用数学的眼光观察世界。

2. 学生发展需求

初三学生认为几何相关知识较抽象、繁琐。简单地学习网络画板,运用网络画板,可以让学生发现几何的美、数学的美,从而使学生不再惧怕几何图形。网络画板是一种有力的几何图形工具,它可以发展学生的几何直观素养,学会从多个角度观察图形。

▷▷▷ **课程资源**

学校拥有优秀的教学队伍,形成了一支以主讲教授负责的、结构合理、人员稳定、教学水平高、教学效果好的教师梯队。教师团队在大学学习的是数学与应用数学专业,具备选取和利用网络资源的能力。

学校配备了优质的电脑设备,使用先进的教学方法和手段来实现优质教学资源共享。

▷▷▷ **课程目标**

1. 知识与技能

(1)学生能够熟悉网络画板的基本功能。

(2)学生能够运用网络画板制作基础的数学模型。

(3)学生能够提高自身创新创作能力,制作出新颖的图形。

2. 过程与方法

(1)通过在实训室运用电脑进行课程理论操作。

(2)通过赏析优秀创作资源,与小组成员观摩学习并讨论,加以创作。

(3)通过学习制作数学模型,发展学生空间想象能力和创新创作能力。

(4)通过题目绘制出图形,养成数学建模素养和提高解决问题的能力。

3. 情感、态度与价值观

(1)树立学生的科学探索精神。

(2)绘制动态的几何图形,感受几何图形中呈现的数学美。

▷▷▷ **课程内容及实施**

(1)主要的教学方法:直观法、讲授法、实际操作法、教师指导下的学习活动法。

（2）主要的学习方法：自主学习、合作学习、探究学习。

（3）所需的教学条件：多媒体设备、电脑或平板。

单元主题	课程内容	学习内容	实施要求
第一单元 网络"神"板 初相识	第一课 网络"神"板 概述 （1课时）	1. 学习网络画板的来历、特点和意义。 2. 介绍网络画板的应用场景。 3. 注册账号并进入班级团队。 4. 完成小组分组	教师通过 PPT 展示，向学生介绍网络画板的来历、特点和意义，以及网络画板的应用场景，随后引导学生注册账号并进入班级团队。 学生自行分组，以小组为单位进行学习活动
	第二课 寻找资源 （1课时）	1. 介绍资源空间。 2. 介绍参考书目。 3. 介绍资源网站	教师通过多媒体向学生展示介绍资源空间；教师介绍参考书目；教师介绍资源网站。 学生可在资源空间借鉴以及应用其他创作者的教学资源；学生可自行选择参考书目进行学习创作；学生在创作过程中可利用资源网站进行参考学习
第二单元 快速入门有妙法	第一课 基础操作界面 （1课时）	1. 了解网络画板操作界面各个操作键的作用。 2. 了解并能够学会基础点、线、面的作法	教师通过操作演示网络画板操作界面各个操作键的作用，以及演示基础点、线、面的作法。 学生通过实操练习了解基础操作界面以及基础作图方法
	第二课 常用数学函数 （1课时）	1. 了解网络画板系统中常用数学函数列表。 2. 学习算术运算、逻辑关系、三角运算、概率运算等部分函数的操作流程	教师演示网络画板中的五个函数操作流程。例如逻辑关系中的 $prime(x)$ 函数，此函数用于判断 x 是否是质数。 学生自主操作，练习课堂上教师进行操作的几个函数，完成相应的练习题

续表

单元主题	课程内容	学习内容	实施要求
	第三课 快捷操作 （1课时）	1. 了解如何在网络画板中选择不同元素构成的对象。 2. 学习智能画笔的操作。 3. 学习快捷键的应用	教师演示网络画板部分元素操作流程，例如点、线等对象。接着演示运用智能画笔绘制点、线（包括线段、射线、直线）、圆等基本元素的作图，其间讲解快捷键的三类操作（文件操作类、元素操作类和构造类）。学生根据老师操作和课本内容进行自主操作和摸索
	第四课 动态文本及标签说明 （1课时）	1. 学习在网络画板中如何创建文本对象。 2. 学习动态文本如何插入动态变量、如何输入公式等。 3. 学习各元素如何进行标签命名	教师演示在网络画板创建文本对象的操作流程，再通过一次函数 $y=ax+b$ 设置变量 a 与 b。学生学习插入动态变量，接着演示点、线等一系列元素的标签命名
第三单元 函数图像的绘制	第一课 一次函数图像 （1课时）	1. 了解一次函数图像的特点、性质。 2. 根据所给已知点在网络画板中进行描点、连线。 3. 学生设置变量参数，通过改变变量的大小，从而改变一次函数图像	教师演示用网络画板创建一次函数图像，并通过改变变量大小改变一次函数图像的位置，并布置本节课的练习。学生通过描点法将简单的一次函数图像画出，并逐步增加变量个数，从而画出相对复杂的一次函数，并赏析优秀的一次函数的网络画板作品。最后小组总结本节课的所得

续表

单元主题	课程内容	学习内容	实施要求
	第二课 二次函数图像 （1课时）	1. 了解二次函数图像的特点、性质。 2. 根据所给已知点在网络画板中进行描点、连线。 3. 学生设置变量参数，改变变量大小，观察二次函数图像的变化	教师通过控制学生电脑演示二次函数的图像，并且控制变量参数按钮改变二次函数图像形状。 学生设置变量参数，从一个参数增加到三个参数，以此提高绘制二次函数的难度，从而加深学生对于二次函数图像性质的理解，并赏析优秀的二次函数的网络画板作品。最后小组总结本节课的所得
	第三课 反比例函数图像 （1课时）	1. 了解反比例函数图像的特点、性质。 2. 根据所给已知点在网络画板中进行描点、连线。 3. 学生设置变量参数，通过改变反比例函数变量的大小，从而改变反比例函数图像的形状	教师通过控制学生电脑演示函数的图像，并且控制变量参数按钮，改变反比例函数图像的形状。 学生通过设置变量参数，并增加变量参数来绘制反比例函数的图像，从而加深理解，并赏析优秀的反比例函数的网络画板作品。最后小组总结本节课的收获
第四单元 几何变换	第一课 平移、旋转、轴对称 （1课时）	1. 充分认识平移、旋转、轴对称的特点和性质。 2. 学习在网络画板中如何使用功能键绘制平移、旋转、轴对称的图像	教师向学生介绍平移、旋转、轴对称的特点和性质。 学生根据掌握到的平移、旋转、轴对称的特点，再仿照课本内容自主练习课本习题
	第二课 放缩 （1课时）	1. 学习放缩的定义和内涵。 2. 会运用网络画板中的功能键绘制出放缩后的图像	教师让学生学习放缩的理论知识，再演示绘制放缩图案的具体过程。 学生观察老师的操作，并根据课本内容自主进行操作，熟悉操作流程

续表

单元主题	课程内容	学习内容	实施要求
第五单元 平面几何	第一课 线段、角 （1课时）	1. 熟练运用网络画板中的功能键绘制线段和角。 2. 能够运用简单的线段、角绘制出平面图形	教师向学生演示如何使用网络画板绘制出线段和角。 学生观察老师的操作，并根据课本内容自主发挥，利用线段、角绘制出简单的平面图形
	第二课 三角形 （1课时）	1. 了解三角形的特点和性质。 2. 学习用网络画板作一般三角形的图像。 3. 学习用网络画板作特殊三角形的图像	教师讲述三角形的相关信息，向学生演示用网络画板如何制作一般三角形的图像、特殊三角形的图像。 学生观察老师操作的步骤，并且小组合作用网络画板作三角形的图像，并且完成拓展作图，最后小组代表进行总结
	第三课 多边形 （1课时）	1. 了解四边形的特点和性质。 2. 学习用网络画板作简单多边形的图像。 3. 学习用网络画板作特殊四边形	教师讲述四边形的相关信息，向学生演示用网络画板如何制作简单四边形、特殊四边形以及多边形的图像。 学生观察老师操作的步骤，并且小组合作用网络画板作四边形的图像，并且完成拓展作图，最后小组代表进行总结
	第四课 相似形 （1课时）	1. 了解相似形特点和性质。 2. 学习用网络画板作一些常见的相似图形的图像	教师运用直观法和操作法，使学生掌握相似形的特点和性质。 学生通过自主学习和探究学习，掌握相似形的性质与特点，并会制作一些常见的相似图形
	第五课 圆 （1课时）	1. 了解圆的性质和特点来学习如何制作圆。 2. 学习网络画板画圆的多种方法。 3. 学习画三角形的外接圆	教师在教学过程中，科学地运用讲授法、直观法和操作法来阐释三角形外接圆的内涵，从而帮助学生深入理解圆的性质与特点。 学生通过课堂小组合作与探究学习的方式，利用网络画板制作圆

续表

单元主题	课程内容	学习内容	实施要求
第六单元 立体几何	第一课 长方体的截面 （1课时）	1. 学习通过网络画板制作对长方体截面进行切割的动态图。 2. 认识长方体不同的截法所得到的截面不同。 3. 学习如何求截面面积	教师使用网络画板 3D 动态生成长方体。 学生尝试制作并观察不同的截法得到的截面图形是什么，并小组讨论截面图形的面积，分享自己的结论。学生也可观摩网络上的优秀作品进行学习
	第二课 立体图形的三视图 （1课时）	1. 学会使用网络画板制作立体图形。 2. 学习立体图形的三视图的定义，懂得分辨三视图。 3. 学习不同立体图形的三视图	教师借助网络画板的直角坐标系，按照网格纹路画图，通过 3D 坐标系玩转立体图形三视图。学生跟着老师的讲解进行实操，制作出简单的立体图形，并思考该立体图形的三视图分别是什么，小组进行交流讨论

▷▷▷ **课程评价**

1. 评价活动

（1）教师通过课堂观察评价每位学生的课堂表现。

（2）教师通过小节测验的形式评价学生对网络画板基本知识的了解程度。

（3）教师通过观察学生在动手操作过程中的参与度和组员分工安排情况，评价学生的动手实践能力和小组合作协调能力。

（4）教师根据学生制作作品的数量和平台应用次数以及学生平时课堂表现，综合评出学生的平时成绩。

（5）学生通过组内互评的方式对组内成员的表现进行评价。

（6）学生根据课堂表现、参与程度和学习态度进行自评。

2. 成绩评定

（1）课堂表现（20%）：上课认真听讲、上课积极讨论、上课的出勤率、小组合作友好。

（2）能力掌握（20%）：掌握基本用法、掌握绘图技能、制作作品数量。

（3）期末考核（50%）：完成期末考核。

（4）课程总结（10%）：自评课程作品、撰写课程收获、反思经验教训。

评分表

一级指标	二级指标	教师评分（50%）	组员评分（30%）	学生自评（20%）	总分
课堂表现 20%	上课认真听讲 上课积极讨论 上课的出勤率 小组合作友好				
能力掌握 20%	掌握基本用法 掌握绘图技能 制作作品数量				
期末考核 50%	完成期末考核 效果是否良好				
课程总结 10%	自评课程作品 撰写课程收获 反思经验教训				
总分					
等级					

注：0~60 分为 D；61~77 分为 C；78~87 分为 B；88~100 分为 A。

［本案例编写者：李冰倩（组长）、丘彩怡、刘紫婷、吴岚茵、李路如、卢艳茹、胡雁、莫慧艳］

案例 6　漫游几何王国

【一般项目】

课程名称：漫游几何王国

课程性质：知识拓展

适应年级：初二

总课时：18 课时

▷▷▷ **课程说明**

在这个科技发展的时代中，高楼大厦林立，各种各样的交通工具，如汽车等穿梭在街头，这些都不乏几何图形的应用。几何图形已经成了生活的"常客"，到处都有它的影子，到处可见它的美。

如果你想在几何王国与平面几何相遇，就来这里吧；如果你想在几何王国与空间几何牵手，就来这里吧；如果你想动手制作各种几何模型，就来这里吧；如果你想在几何王国里发现数学几何的美，就来这里吧。

如果你有这些想法了，还在等什么？快和我们一起漫游几何王国吧！

【具体方案】

▷▷▷ **背景分析**

1. 学校育人目标

学校遵循"成人成才成功"的育人理念，构建"立德立学立志"育人体系，坚持以"博学健美，笃行善思"为校训，尊重学生差异，用科学的育人导向，全面推行素质教育，培养学生对于学科"发现美、感受美、寻找美"的积极态度。数学学科其实也存在着美丽的一面，几何图形之美就体现了几何的另一个魅力之处。几何图形包括平面几何以及空间几何，感受几何图形的美，让学生认识到数学充满视觉魅力的一面，提高学生对数学美的感受力。这些对于学生的数学思维的培养具有重要意义。

2. 学生发展需求

初二学生正处于生长发育快速期，在课堂上活泼好动，注意力容易分散，自我控制能力较弱，虽然已经具备一定的几何知识基础，但学习几何知识有一定难度。本课程的学习，让学生在感受几何图形的奥秘的同时，掌握几何知识，巩固几何知识。

▷▷▷ **课程资源**

教师在大学学习的是数学与应用数学专业，已经学习了解析几何以及相关教育学的专业知识。

本课程主要在探究活动过程中发掘几何图形的趣味性，感受几何图形之美。生活中的各事各物为课程的探究活动提供了众多实际例子。

▷▷▷ **课程目标**

1. 知识与技能

（1）了解生活中常见的平面几何图形、空间几何图形，能够掌握它们的构造、性质以及在生活中的应用。

（2）会将常见的几何图形进行分类、归纳。

（3）掌握由平面几何图形过渡到空间几何图形的知识形成过程。

2. 过程与方法

（1）通过小组合作的方式，引发学生的思考，了解数学对生产生活的重要性。

（2）学生从平面的角度思考几何图形的性质，欣赏几何图形的静态美，发展逻辑思维。

（3）将几何图形从平面上抽象到空间中，欣赏几何图形的动态美，进一步提高学生的空间思维能力。

3. 情感、态度与价值观

（1）体验科学探究的艰辛和喜悦，感受几何图形世界的奇妙与和谐。

（2）有参与几何图形探究活动的热情，有将几何图形的数学知识应用于生活实践的意识，能够对与数学有关的社会和生活问题做出合理的判断。

▷▷▷ **课程内容**

预备单元：认识图形（1课时）

第一单元：奇妙的平面几何

C1：平面几何的历史和发展过程（1课时）

C2：介绍生活中平面几何的应用（1课时）

C3：探究平面中特殊几何图形的性质（1课时）

C4：性质的应用（1课时）

C5：活动探究1（1课时）

C6：活动探究2（1课时）

第二单元：神秘的空间几何

C1：空间几何的历史和发展过程（1课时）

C2：介绍生活中空间几何的应用（1课时）

C3：探究空间中特殊几何的性质（1课时）

C4：性质的应用（1课时）

C5：活动探究1（1课时）

C6：活动探究2（1课时）

第三单元：总结

C1：几何图形的种类（1课时）

C2：欣赏几何图形的平行美（1课时）

C3：欣赏几何图形的对称美（1课时）

C4：欣赏几何图形的垂直美（1课时）

C5：几何图形的延伸（1课时）

▶▶▶ **课程实施**

（1）主要的教学方法：讲授法、操作法、问题探究法。

（2）主要的学习方法：自主学习、合作学习、探究学习。

（3）所需的教学条件：多媒体设备、相关视频、图片资源。

课程内容与 实施单元主题	课程内容	学习内容	实施要求
预备单元 认识图形	认识图形 （1课时）	1. 了解几何图形。 2. 完成小组分组	教师就视频内容进行讲解，对学生讨论的结果进行总结。 学生通过观看视频，了解几何图形，分组讨论自己对于几何图形的认识

续表

课程内容与 实施单元主题	课程内容	学习内容	实施要求
第一单元 奇妙的平面几何	第一课 平面几何的历史 和发展过程 （1课时）	1. 学习古代和现代的平面几何。 2. 学习平面几何的发展过程，体验知识的连贯性	教师讲解平面几何的起源、发展。 学生欣赏有关的平面几何图形，观察并思考后，小组讨论平面几何发展的特点
	第二课 介绍生活中平面 几何的应用 （1课时）	1. 学习生活中简单的平面几何的应用。 2. 分析平面几何的应用原理	教师举例讲解生活中平面几何的简单应用。 学生欣赏这些平面几何图形，思考、分析其应用原理并进行小组讨论
	第三课 探究平面中特殊 几何图形的性质 （1课时）	1. 学习平面中有哪些特殊的几何图形。 2. 分析和探究平面中特殊几何图形的性质	教师举例讲述一种平面中的特殊几何图形及该几何图形的性质。 学生思考、分享所学所见的特殊几何图形，分析寻找该特殊几何图形的性质
	第四课 性质的应用 （1课时）	根据提出的平面中的特殊几何图形及其性质，寻找该性质在生活、工作等各方面的应用	教师举例讲述一种平面中的特殊几何图形及其性质的应用。 学生交流讨论，寻找其他特殊几何图形的性质的应用
	第五课 活动探究1 （1课时）	1. 探究同一平面内，两点之间线段最短公理，体验线段公理的发生过程。 2. 观察、实验和理解线段公理	教师以黑板为平面，用粉笔作两点，演示两点间的连线。 学生探究在什么情况下两点间的连线最短
	第六课 活动探究2 （1课时）	1. 探究平面图形的面积，体验平行四边形通过切割转变成三角形或长方形求面积的形成过程。 2. 观察、猜想、验证和总结出平行四边形的面积公式	教师给出平行四边形的边长，以一边为底作高并给出其高的长度进行求解。 学生观察猜想并讨论求解方法

续表

课程内容与实施单元主题	课程内容	学习内容	实施要求
第二单元神秘的空间几何	第一课空间几何的历史和发展过程（1课时）	1. 了解空间几何的概念。 2. 学习空间几何从古到今的发展历程以及熟悉对空间几何发展作出较大贡献的数学家	教师讲解空间几何的概念，让学生初步了解什么是空间几何。学生学习空间几何从古到今的发展历程，提出一些关于空间几何的历史问题
	第二课介绍生活中空间几何的应用（1课时）	1. 举例说出空间几何在生活中的应用。 2. 分析空间几何的应用原理	教师举例讲述生活中空间几何的简单应用。学生小组合作举例说明生活中还有哪些地方用到了空间几何及分析其应用原理
	第三课探究空间中特殊几何的性质（1课时）	1. 学习空间中特殊几何的定义。 2. 分析和探索这类几何图形存在的性质及其推导过程	教师给学生展示特殊图形的形状，并让学生思考图形存在的共性。学生探讨这类图形存在的性质
	第四课性质的应用（1课时）	1. 列举生活中运用到这些知识的题目，了解性质的运用。 2. 学生独立思考，并举例说明特殊几何性质在生活、工作中的具体运用	教师讲解一些运用到特殊图形性质的典型例题。学生通过分组的形式进行讨论，列举出其他性质在生活中的运用
	第五课活动探究1（1课时）	1. 探究三垂线定理，体验三垂线定理的发生过程。 2. 观察、实验和归纳出三垂线定理	教师以笔作直线，桌面为平面，演示直线垂直于一个平面。学生探究它是否还会和这个平面内的任何一条直线都垂直
	第六课活动探究2（1课时）	1. 认识棱柱的棱、面和顶点，掌握棱柱的特点。 2. 制作立体几何模型，作出其直观图	教师组织学生课前准备好12根长度相同的牙签。学生自己动手制作空间几何模型，在搭出锥柱后进一步作出其直观图

续表

课程内容与 实施单元主题	课程内容	学习内容	实施要求
第三单元 总结	第一课 几何图形的种类 （1课时）	1. 学习平面几何的概念以及种类。 2. 学习立体几何的概念以及种类	教师介绍并展示几何图形的种类。 学生了解并熟悉几何图形的整体分类
	第二课 欣赏几何图形的平行美 （1课时）	1. 观察并分析平行的平面几何图形之间的关系。 2. 欣赏优秀的平行平面几何图形作品	教师向学生展示这些平行图形的相通与联系。 学生赏析平行几何作品，分组讨论这些平行几何图形的特点和自己的看法
	第三课 欣赏几何图形的对称美 （1课时）	1. 观察和分析对称平面几何图形和对称空间几何图形之间存在的不同点和相同点。 2. 欣赏优秀的对称平面几何图形与对称空间几何图形作品	教师向学生展示这些对称图形的相通与联系。 学生赏析对称几何作品，分组讨论这些对称几何图形的特点和自己的看法
	第四课 欣赏几何图形的垂直美 （1课时）	1. 观察和分析垂直平面几何图形和垂直空间几何图形之间存在的不同点和相同点。 2. 欣赏优秀的垂直平面几何图形与垂直空间几何图形作品	教师向学生展示这些垂直图形的相通与联系。 学生赏析垂直几何作品，分组讨论这些垂直几何图形的特点和自己的看法
	第五课 几何图形的延伸 （1课时）	1. 了解几何图形与现代艺术的关系。 2. 了解几何图形与建筑之间的关系	教师展示绘画作品，讲授艺术作品中蕴含的几何图形以及建筑中的几何图形。 学生感受艺术作品及建筑物的几何美，讨论并分享哪些常见事物中蕴藏几何图形

▷▷▷ **课程评价**

1. 评价活动

（1）教师通过课堂观察评价每位学生的课堂表现。

（2）教师通过小组讨论、活动探究、观察思考的结果，评价学生对平面几何以及空间几何的掌握情况。

（3）教师通过每个小组分析、感受几何图形多样性的情况，以及学生对平面几何和空间几何应用的了解把握程度，评价学生的几何感知能力。

（4）学生通过组内互评的方式对组内成员的表现给予评价。

（5）学生根据课堂表现、学习积极性、几何图形掌握情况进行自评。

2. 成绩评定

（1）课堂表现（20%）：其中出勤率占10%，上课发言次数占10%。

（2）平时作业（25%）：根据学生一个学期作业完成情况评一个总分。

（3）小组打分（15%）：根据学生讨论参与度、任务完成情况进行评分。

（4）期末考试（40%）：学生期末考试总成绩。

评分表

一级指标	二级指标	教师评分（50%）	组员评分（30%）	学生自评（20%）	总分
课堂表现	出勤率 上课发言次数				
平时作业	对几何图形知识的掌握 对几何图形历史的 基本知识的掌握				
小组打分	学生讨论参与度 任务完成情况				
期末考试	考试成绩				
总分					
等级					

注：0～60分为D；61～77分为C；78～87分为B；88～100分为A。

［本案例编写者：梁海兰（组长）、锁娅彩、黄一萱、李丹、黎丽慧、庞敏芳、陆益倩、林燕萍、沙月梅］

案例 7 "数"你最棒

【一般项目】

课程名称："数"你最棒

课程性质：知识拓展

适应年级：初一

总课时：16课时

▷▷▷ 课程简介

数学是打开知识大门的钥匙，一切自然科学都离不开数学严密的计算和推理，数学也是人文科学和逻辑思维的基础。

通过这门课程的学习，我们不仅可以学到数学知识，还能通过玩游戏来巩固知识，在体验数学乐趣的同时激起对数学的学习兴趣。

数学的魅力吸引着我们，你还在犹豫什么呢？让我们一起玩转数学，感悟数学魅力，体会数学乐趣吧！

【具体方案】

▷▷▷ 背景分析

1. 学校育人目标

学校以"厚博知识、自主发展"为育人目标。本课程利用数学趣味小游戏来巩固学生课堂上所学的知识，并做相应的拓展。学生能自主思考，独立完成游戏体验，这是学校"厚博知识、自主发展"目标的体现。

2. 学生发展需求

本课程是以中学数学知识体系为依托的知识拓展类课程，是学科课程的有益补充。中学生的数学学习现状不容乐观，随着孩子所学数学知识的增多、内容的加深，相当一部分孩子感到力不从心，数学学习的枯燥、抽象和孩子的活泼好动形成了强烈的对比，从而导致学生产生厌学、怕学的情绪。他们在数学学习中求知欲淡化、主动性弱化、学习能力退化，从而直接影响学生的能力素质和数学知识水平的形成和发展。因此老师需要激发学生学习数学的兴趣，培养学生的思维能力，在教学中渗透数学思想方法，为学生今后学习打下良好的心理和认知基础。

▷▷▷ **课程资源条件**

（1）教师已经有了扎实的数学应用功底与数学教学理论知识，并且有了一年以上的相关教学经验，能够娴熟地将知识点、公式结合到数学教学以及数学游戏中来。

（2）学校配备了齐全的多媒体设备，能够在教学中充分使用现代化的教学手段，提高学生的学习兴趣。

▷▷▷ **课程目标**

1. 知识与技能

（1）了解生活中几种隐藏的趣味数学，并说出其中隐藏的数学知识。

（2）理解数学游戏中所蕴含的规律，并运用到课堂中。

2. 过程与方法

（1）通过观察趣味数学谜题题目并进行思考，小组讨论探究得出结果。

（2）通过参与趣味数学小游戏，在娱乐中学习。

3. 情感、态度与价值观

（1）体验数学的游戏过程，认识数学的价值，养成乐于思考、热爱数学的良好品质。

（2）在游戏中学数学，提高学习数学的兴趣。

▷▷▷ **课程内容**

预备单元：初识"数学"

C1：了解数学的起源与发展（1课时）

第一单元：有理数

C1：有理数的加减法（1课时）

C2：数字迷宫（1课时）

第二单元：整式的加减

C1：整式画图（1课时）

C2：整式侦探（1课时）

第三单元：一元一次方程

C1：一元一次方程（1课时）

C2：数了个学（1课时）

第四单元：几何图形初步

C1：几何图形初步（1课时）

C2：七巧板的七十二变（1课时）

第五单元：相交线与平行线

C1：相交线与平行线（1课时）

C2：数学跑酷（1课时）

第六单元：实数

C1：平方根与立方根（1课时）

C2：击鼓传花（1课时）

第七单元：平面直角坐标系

C1：平面直角坐标系（1课时）

C2：课堂指挥官（1课时）

总结单元：玩转"数学"

C1：活动总结（1课时）

▶▶▶ **课程实施**

（1）主要的教学方法：直观法、口述法、教师指导下的学习活动法。

（2）主要的学习方法：接受学习、合作学习、探究学习。

（3）所需的教学条件：多媒体设备。

单元主题	课程内容	学习内容	实施要求	主要教学方法和学习方法
预备单元初识"数学"	第一课了解数学的起源与发展（1课时）	1. 学习数学的来源、发展及意义。2. 观看数学发展相关影片。3. 学生分组	教师向学生讲述数学最初的来源，以及它的发展过程。最后教师进行总结。学生观看数学题材影片，小组讨论分享对这些影片的感受	教师运用口述法，讲述数学的相关信息。学生运用接受学习和合作学习学习相关知识，并讨论影片

续表

单元主题	课程内容	学习内容	实施要求	主要教学方法和学习方法
第一单元 有理数	第一课 有理数的加减法 （1课时）	1. 理解有理数加减法的意义。 2. 学习并掌握有理数加减法的法则。 3. 应用有理数加减法法则进行运算	教师创设情境，引导学生形成比较正确的概念；设置探究活动让学生体会两个数相加和相减的规律。 学生再探新知，发现规律，深化认识有理数加减法法则	教师运用引导法和口述法，讲授有理数加减法的概念和意义；设置活动让学生掌握有理数加减法的法则；设计数字迷宫游戏，激发学生学习兴趣，提高学生学好数学的信心
	第二课 数字迷宫 （1课时）	设计有关有理数加减法的游戏，组织学生参与，创造轻松的学习氛围，帮助学生熟悉法则	教师组织学生玩游戏，激发学生的学习兴趣，让学生更好地理解和掌握有理数加减法的法则	
第二单元 整式的加减	第一课 整式画图 （1课时）	1. 复习回忆整式的加减的知识点。 2. 根据知识点作图	教师运用问答的方式带领学生复习整式加减的知识点。 学生进行想象与思考，运用知识点作图，探索它们之间的联系	教师采用问答形式让学生回忆知识点。 学生思考想象作图，小组讨论
	第二课 整式侦探 （1课时）	运用整式的加减的知识点做小游戏，加深印象并熟练使用	学生扮演侦探从一副扑克牌中任意抽取一张，根据线索（加上3后，乘以2，再减去4后，除以2，然后将所得的结果进行平方）报出得数，看看哪位同学最先破案，最先破案的小侦探获得奖励	教师组织学生参与游戏，调动他们的学习兴趣。 学生开动脑筋，动手计算

续表

单元主题	课程内容	学习内容	实施要求	主要教学方法和学习方法
第三单元 一元一次方程	第一课 一元一次方程 （1课时）	1. 理解一元一次方程，以及一元一次方程解的概念。 2. 会从题目中找出包含题目意思的一个相等关系，列出简单的方程。 3. 掌握检验某个数值是不是方程解的方法	教师讲授一元一次方程的概念和解题思路。学生观看PPT呈现出来的一元一次方程的概念，小组探究归纳总结解题方法	教师运用直观法和口述法，讲授一元一次方程的概念以及解题思路和方法。学生通过接受学习和合作学习，学习课堂传授的理论知识，小组进行讨论，归纳总结
	第二课 数了个学 （1课时）	运用一元一次方程的概念和解题方法对一元一次方程进行解题，通过游戏加深知识的印象。使学生在实际应用中获取知识，并通过讨论来深化对知识的理解。多创造条件和机会让学生发表见解，展示自我。在学习中，让学生能在具体的情境中认识一元一次方程	教师在白板上讲"数了个学"游戏（对一元一次方程进行解题，再将题目拉到正确答案的框框，将方程消灭掉）。学生自行组队，四个人一组，分成十个小组	

续表

单元主题	课程内容	学习内容	实施要求	主要教学方法和学习方法
第四单元 几何图形初步	第一课 几何图形初步 （1课时）	1. 了解点、线、面、体。 2. 认识直线、射线、线段。 3. 会辨认立体图形与平面图形，并用点、线动手画出面，进而画出平面图形及立体图形	教师通过多媒体引导学生了解本节课相关知识，并组织学生动手操作画图。 学生说出在实际生活中的几何图形，最后总结本节课所学知识点	教师通过直观法和讲授法，利用多媒体展示几何图形及七巧板，口述几何图形的基本特征。 学生通过接受学习和合作学习了解几何图形初步、七巧板，最后动手操作
	第二课 七巧板的七十二变 （1课时）	1. 回顾几何图形初步。 2. 让学生了解七巧板。 3. 让学生动手操作七巧板	教师先带学生回顾上节课知识，再结合相关视频讲述七巧板的起源、发展。 学生小组合作动手操作	
第五单元 相交线与平行线	第一课 相交线与平行线 （1课时）	1. 能理解对顶角、余角、补角等概念，探索并掌握它们的性质。 2. 理解平行线的概念，理解平行公理，能作出已知直线的平行线。 3. 掌握平行线的三个特征，探索并证明平行线识别方法。 4. 体会平行线的特征与识别的区别，并能运用平行线的识别与特征解决问题	老师讲解相关的知识点的概念，举生活中关于相交线与平行线的例子。 学生自己动手画一画，了解相交线与平行线的特点，接着通过做练习题巩固知识	教师运用引导法和口述法，通过对相交线与平行线概念的讲解，引导学生探究知识，从而领悟到数学的魅力，感受到数学的乐趣。 学生通过接受学习和探究学习，在探索知识以及玩游戏的同时理解数学来源于生活并应用于生活，从而领悟到数学的魅力，激发对数学的学习兴趣

续表

单元主题	课程内容	学习内容	实施要求	主要教学方法和学习方法
	第二课数学跑酷（1课时）	运用相交线与平行线的相关知识制作数学游戏，让学生在玩游戏的过程中能更好地运用新知识来解决问题，巩固知识，并认识自己的不足之处	1. 老师讲解关于"数学跑酷"的游戏规则（两玩偶站在同一起跑线上，听到开始指令后两玩偶同时起跑，在途中会遇到平行线与相交线相关知识的判断题，答对会加速，答错原地停留，最后最先到达终点的获胜）。2. 班上平均分几个小组，每组派一名代表，每两组为一轮，获胜那组会获得相应奖励	
第六单元实数	第一课平方根与立方根（1课时）	1. 了解平方根和立方根的概念。2. 能够区分平方根和立方根的不同	教师讲授平方根和立方根的概念，通过两者的对比学习，学生既能掌握知识点又可以区分平方根和立方根的不同	教师运用引导法，利用对比教学来引导学生进行学习。学生通过接受学习和合作学习，学习课堂传授的理论知识，小组讨论感受与其他内容
	第二课击鼓传花（1课时）	运用平方根和立方根的相关知识制作一个课时的小游戏。学生能够寓学于乐，在玩游戏的过程中更好地运用所学知识来解决问题，有利于知识的巩固	教师通过击鼓传花的游戏，让学生快速地回答问题，既可以激发学生的学习兴趣，也可以提高学生的思维能力和反应能力	教师组织学生开展游戏。学生自主探究学习，在游戏中巩固知识，在游戏中发现数学的魅力

续表

单元主题	课程内容	学习内容	实施要求	主要教学方法和学习方法
第七单元平面直角坐标系	第一课平面直角坐标系（1课时）	1. 理解并掌握坐标系、有序实数对、坐标、象限的定义。2. 认识平面直角坐标系，了解平面直角坐标系内的点与实数对一一对应。3. 在给定的直角坐标系中，能根据坐标系描出点的位置，能由点的位置写出点的坐标。4. 体会平面直角坐标系在解决实际问题中的作用	教师讲解平面直角坐标系相关知识。学生感受平面直角坐标系的特点，讨论并分享生活中存在的平面直角坐标系实例	教师利用数形结合的思想方法来引导学生进行学习。学生通过接受学习和合作学习，学习课堂传授的理论知识，小组讨论以及实践
	第二课课堂指挥官（1课时）	1. 学习掌握由坐标描点，由点写出坐标。2. 感受代数问题与几何问题的相互转换，体会数形结合思想方法，为下一步学习打下基础	教师请一位学生站起来，左手前平举，右手侧平举，再结合班级里的座位排列，构成一个天然的"平面直角坐标系"，且假定前后左右每一排每一列的单位长度都为1，此时这位同学就是这个平面直角坐标系的"原点"。随着游戏难度的增加，学生充分利用思考与讨论的时间，及时巩固本节课所学的知识点，体会到平面直角坐标系的运用	教师讲授知识。学生通过做游戏来巩固所学知识，并体会数学的乐趣

续表

单元主题	课程内容	学习内容	实施要求	主要教学方法和学习方法
总结单元玩转"数学"	第一课活动总结（1课时）	撰写课程总结，分享自己的感受与收获	教师引导学生自我总结此次活动的收获，最后总结活动意义。学生分享交流此次学习的感受	教师运用指导下的学习法，引导学生说出此次活动的收获。学生通过探究学习法，分享交流此次学习的感受，并且撰写课程总结，探究本课程的收获

▷▷▷ **课程评价**

1. 评价活动

（1）教师通过游戏活动的形式评价学生对数学基本知识的理解程度。

（2）教师通过游戏的结果及参与度评价学生综合运用能力和小组合作能力。

（3）教师通过课堂观察评价学生的课堂表现。

（4）学生通过游戏，加深对数学知识的理解，体会数学的趣味性。

2. 成绩评定

（1）参与状态（30%）：是否全程参与学习，是否踊跃发言，是否积极讨论，是否认真练习，是否互助交流。

（2）合作状态（40%）：分工是否明确，倾听是否认真，互助是否存在，合作是否友好，效果是否良好。

（3）课程总结（30%）：反思经验和教训，是否有满足、成功和喜悦等积极的心理体验，是否提高对数学的兴趣。

评分表

一级指标	二级指标	教师评分（60%）	小组互评（40%）	总分
参与状态（30%）	是否全程参与学习是否踊跃发言是否积极讨论是否认真练习是否互助交流			

一级指标	二级指标	教师评分（60％）	小组互评（40％）	总分
合作状态 （40％）	分工是否明确 倾听是否认真 互助是否存在 合作是否友好 效果是否良好			
课程总结 （30％）	反思经验和教训 是否有满足、 成功和喜悦等 积极的心理体验 是否提高对数学的兴趣			
总分				
等级				

注：0～60 分为 D；61～77 分为 C；78～87 分为 B；88～100 分为 A。

［本案例编写者：顾思瑜（组长）、朱晓媚、李盈杏、周淑清、梁丹南、韦玉锦、李沁蔚、李鑫］

案例 8　看广西山水学地理

【一般项目】

课程名称：看广西山水学地理

课程性质：知识拓展

适应年级：初一、初二

总课时：15 课时

▷▷▷ **课程说明**

广西高山、流水、白云相映成趣，流水清澈，山水相伴，美不胜收。这些青翠的山川，给广西穿上了一层自然淳朴的外衣，你是否想去探寻广西的真实面貌？

这门课程将带你揭开广西的神秘面纱，还原广西山水的真实面貌。本课程共十五个课时，从地理位置、气候环境、人文风情三个方面展开，采用直观法、口述法、教师指导下的学习活动法等教学方式。

让我们走进广西山水，且做一回广西人！

【具体方案】

▷▷▷ **背景分析**

"培养现代公民必备的地理素养"是中学地理课程的基本理念之一，教师要在中学地理教学中转变学生机械模仿、被动接受的学习方法，促进学生主动和富有个性地学习，可以有意识地加强对学生自主性学习的引导，重视地理教学信息资源和信息技术的利用。

通过观看相关视频，可以建立地理概念、拓展地理知识体系和激发地理学习兴趣点。通过讨论并与教学评价相结合，可以很好地完成地理教学目标，同时可以丰富学生的课外知识，全面提升学生对地理的学习兴趣。

1. 学校育人目标

广西民族师范学院附属第二中学遵循"成人成才成功"的育人理念，构建"立德立学立志"育人体系，坚持以"博学健美，笃行善思"为校训，全员育人，全面推行素质教育，坚持五育并举，用科学的育人导向，培养人格完整、身心和谐的学生，让每一个孩子都有出彩的人生。

2. 学生发展需求

初中生正处于青春期，他们的观察、记忆、逻辑思维等能力进一步发展，具有强烈的求知欲和探索精神，渴望学到丰富的专业知识和基础常识，增加文化素养，提升自身能力，获得优良成绩。在飞速发展的今天，教材上的知识存在滞后性和局限性，已经远远不能满足现代学生的发展需求。我们通过播放一系列纪录片展现了丰富的地理素材，其背后隐匿着众多的地理知识，引领学生重新走进广西的山水之间，融入地理的世界。

3. 课程资源

教师在大学学习的是地理学专业，已经学习了地理以及相关教育学的专业知识。本课程内容主要是学习广西某些地区的地理位置、气候条件、人文风情，以理论为主，视频为辅，学校就是很好的教学实体，可以为课程提供良好的实体资料。

▷▷▷ **课程目标**

1. 知识与技能

（1）了解人类活动对地理环境的影响，理解人文地理环境的形成过程和特点，认识可持续发展的意义及主要途径。

（2）掌握阅读分析、运用地理图表和地理数据，进行地理观测、地理实验、地理调查。

2. 过程与方法

（1）通过多种途径运用多种手段收集地理信息，运用所学的地理知识和技能对地理信息进行整理分析和运用。

（2）运用适当的方法和手段表达交流，反思自己地理学习和探究的体会、见解和成果。

3. 情感、态度与价值观

（1）激发探究地理问题的兴趣和学习动机，养成求真求实的科学态度，提高地理审美情趣。

（2）关心我国基本地理国情，关注我国地理环境与发展趋势，增强热爱祖国、热爱家乡的情感。

（3）增强对资源、环境的保护意识和法治意识，形成可持续发展观念，增强爱护环境的社会责任感，养成良好的行为习惯。

▷▷▷ 课程内容

导论：初识广西

C1：广西区情（1课时）

C2：广西区位优势（1课时）

第一单元：身在画中游（桂林）

C1：青峰翠屏，碧水萦回（1课时）

C2：三冬少雪，四季常花（1课时）

C3：热情好客，丰富多彩（1课时）

第二单元：百越春之首（南宁）

C1：了解南宁地理位置的奥秘（1课时）

C2：走进绿城南宁（1课时）

C3：南宁的风土人情（1课时）

第三单元：神秘边关线（崇左）

C1：依山傍水，得天独厚之地（1课时）

C2：风轻云净，膏腴之地（1课时）

C3：淑质英才，淳朴之情（1课时）

第四单元：滨海之城（北海）

C1：朝沧梧而夕（1课时）

C2：山如画海如诗（1课时）

C3：人文荟萃（1课时）

第五单元：畅谈广西

C1：畅谈心得（1课时）

▷▷▷ 课程实施

（1）主要的教学方法：直观法、口述法、教师指导下的学习活动法。

（2）主要的学习方法：自主学习、合作学习、探究学习。

（3）所需的教学条件：多媒体设备、相关的图片及图片构图资源、广西风景。

单元主题	课程内容	学习内容	实施要求	主要教学方法和学习方法
导论 初识广西	第一课 广西区情 （1课时）	1. 学习广西壮族自治区的地理区位。 2. 欣赏广西各地的美景胜地	教师先综合概述广西的部分地理知识，学生再观看影视资料	教师运用口述法和直观法，向学生概括地叙述广西的区情和区位优势。 学生观看相关影视资料，共同探讨广西的区位优势
	第二课 广西区位优势 （1课时）	共同学习广西的区位优势，思考如何利用好广西独特的区位优势	教师提出问题，学生带着问题观看视频，观看完后由学生代表进行分享、阐述，发表见解	
第一单元 身在画中游 （桂林）	第一课 青峰翠屏，碧水萦回 （1课时）	1. 学习桂林的经纬度、海陆位置、交通状况等。 2. 分析桂林的区位优势	教师向学生讲述桂林地理位置的相关内容。学生小组讨论并分析桂林地理位置的区位优势	教师通过口述法讲述桂林的地理位置。 学生通过合作探究讨论桂林区位优势
	第二课 三冬少雪，四季常花 （1课时）	1. 主要学习桂林的气候类型及气压、气温、湿度、风向风速、降水、雾、云量云状等气候环境。 2. 分析桂林的气候优势与劣势	教师向学生讲述桂林的气候及相关特征，学生分析该气候带来的优势与劣势	教师运用直观法和口述法，通过展示体现桂林的地理位置、山水、风俗、生活等图片，讲解桂林区位优势。 学生通过接受学习、观看学习和合作学习，学习课堂传授的相关桂林知识，并小组讨论感受

续表

单元主题	课程内容	学习内容	实施要求	主要教学方法和学习方法
	第三课 热情好客，丰富多彩 （1课时）	1. 学习桂林的风土人情，包括衣、食、住、行，以及商业、管理、宗教信仰、书画、音乐、节日庆典、军事、政治、武术、手工业等。 2. 分析桂林饮食、服饰、建筑、习俗等文化，跟人的职业分工是否有关，跟人的爱好是否有关	教师向学生展示桂林的风土人情图片以及讲述相关的内容。 学生分析这些文化的产生跟什么有关	
第二单元 百越春之首 （南宁）	第一课 了解南宁地理位置的奥秘 （1课时）	1. 了解南宁的地理位置。 2. 能发现南宁的地理位置的优势及特征	教师讲授南宁的地理位置与桂林的地理位置之间的差异。 学生观看短片了解南宁地理位置，小组探究归纳南宁地理位置的特点	教师运用直观法和口述法，展示南宁的地理气候、人文风情。 学生通过接受学习和合作学习，学习课堂传授的理论知识，小组讨论感受与其他内容
	第二课 走进绿城南宁 （1课时）	1. 能发现南宁的四季气候变化与特点。 2. 学习南宁的环境特征与其他地方的区别	教师讲授南宁气候环境的优势。 学生观看短片了解南宁气候的变化与环境的特征，小组探究归纳其特点	
	第三课 南宁的风土人情 （1课时）	1. 了解南宁人的饮食习惯。 2. 了解南宁的传统习俗	教师讲授其中的故事和缘由。 学生观看南宁的日常生活短片，小组探究归纳特点	

续表

单元主题	课程内容	学习内容	实施要求	主要教学方法和学习方法
第三单元 神秘边关线（崇左）	第一课 依山傍水，得天独厚之地（1课时）	1. 了解崇左所处的经纬位置和地域地貌。2. 播放介绍崇左相关地理知识的影片，学习相关知识	教师介绍崇左经纬位置和地域地貌。学生欣赏有关崇左的影视作品，欣赏大自然的鬼斧神工，小组讨论其中的美感	教师通过直观的展示和讲解，着重介绍独具特色的文化习俗。学生对崇左有深刻的了解，通过学习提高自己的认知水平，丰富文化常识
	第二课 风轻云净，膏腴之地（1课时）	1. 了解崇左的气候环境特点。2. 分析此处气候环境与地理位置、地域地貌的关系	教师介绍崇左的气候环境特点。学生分析此处气候特点与地理位置、地域地貌的关系，讨论气候特点的主要成因	
	第三课 淑质英才，淳朴之情（1课时）	1. 了解崇左人民的文化习俗。2. 分析文化特色，介绍习俗活动	教师介绍崇左的人文习俗、历史背景。学生观看崇左的文化介绍短片，了解崇左的历史、人文、风俗习惯，并总结发表自己的观点	
第四单元 滨海之城（北海）	第一课 朝沧梧而夕（1课时）	1. 学习北海地处位置、经纬度、境内交通等关于地理位置的知识。2. 分析并交流北海的区位优势	教师讲解北海地理位置相关理论知识。学生分组讨论，交流关于北海的区位优势	教师运用直观法和口述法，直观展示PPT内容和视频，讲解相关理论知识。学生通过接受学习、观看学习和探究学习，学习课堂传授的理论知识，小组讨论感受与其他内容
	第二课 山如画海如诗（1课时）	1. 学习北海的气候环境的相关理论知识。2. 分析北海全年的气候变化	教师讲解北海气候环境知识并分析其全年气候变化。学生观看相关视频，畅谈自己对北海的气候环境的看法	

续表

单元主题	课程内容	学习内容	实施要求	主要教学方法和学习方法
	第三课 人文荟萃 （1课时）	1. 学习北海的饮食、民俗、建筑以及旅游的相关理论知识。 2. 分析当地相关人文风俗形成的原因	教师讲解北海的人文风俗并分析当地人文风俗形成的原因，学生观看相关的视频，交流分享感受	
第五单元 畅谈广西	第一课 畅谈心得 （1课时）	1. 利用前面课程所学知识，结合自己的经历，向同学们分享你眼中的广西。 2. 撰写课程总结，分享自己的收获，总结不足	教师给定任务内容和提交时间，学生以个人为单位，结合所学知识，谈谈对广西的新认识和感悟，写一篇不少于800字的心得体会	教师根据前面所学内容布置作业内容和作业提交时间。学生通过课程所学知识，进行总结和反思，总结课程收获

▷▷▷ **课程评价**

1. 评价活动

（1）教师通过课堂观察评价每位学生的课堂表现。

（2）教师通过现场提问的形式评价学生对广西地理基本知识的了解程度。

（3）教师通过观察学生在讨论过程中的参与度情况，评价学生的语言表达能力。

（4）教师通过小组的心得汇报情况评价小组成员对广西山水基本知识的了解情况。

（5）学生通过组内互评的方式对组内成员的表现进行评价。

（6）学生根据课堂表现、参与程度和学习态度进行自评。

2. 成绩评定

（1）课堂表现（20%）：出勤率占10%，发言次数占10%。

（2）知识掌握（30%）：掌握地理知识（20%），了解风土人情（10%）。

（3）期末测评（40%）：写一篇课程总结，如学完本课程的收获。

（4）课程感想（10%）：撰写课程收获，反思经验教训，提出改进策略。

评分表

一级指标	二级指标	教师评分 （50%）	组员评分 （30%）	学生自评 （20%）	总分
课堂表现 （20%）	出勤率 发言次数				
知识掌握 （30%）	掌握地理知识 了解风土人情				
期末测评 （40%）	写一篇课程总结				
课程感想 （10%）	撰写课程收获 反思经验教训 提出改进策略				
总分					
等级					

注：0~60分为D；61~77分为C；78~87分为B；88~100分为A。

［本案例编写者：苏艳花（组长）、黄一平、莫兰萍、卢铭钰、赵赞乾、吴婉宁、谢春林、吴琳、林贤三］

中编

文体特长类

案例 1　筐出未来

【一般项目】

　　课程名称：筐出未来

　　课程性质：体艺特长

　　适应年级：初一、初二、初三

　　总课时：36 课时

▶▶▶ **课程说明**

　　这是一个充满竞争又崇尚合作的时代，这是一个追求文化又重视健康的时代。当你的目光注视着科比、詹姆斯、姚明……这些在球场上熠熠生辉的篮球巨星们，你是否想去探索他们的故事，追寻他们的脚步？

　　这门课程，将带你揭开篮球巨星的神秘面纱，将带你循着篮球的历史一路向前。本课程共三十六个课时。从历史、规则、技术、比赛四个方面展开，采用视频、图片、实际操作以及实战对抗等教学方式，给予同学们充分的时间与空间练习、交流和感悟。

　　你渴望和志同道合的队友求索共同的理想吗？你渴望在球场上挥洒汗水，展示自己的技术和才华吗？你渴望在不断的练习中锻炼自己的身体，突破自己的技能吗？

　　加入我们，让我们一起来学习、成长、飞跃吧！

【具体方案】

▶▶▶ **背景分析**

1. 学校育人目标

学校的育人目标是培养博学多才、身体健康、德行兼备、坚决果断、善于思考的综合素质型人才。第一，我们希望学生能够具备博学多才的素质。这需要我们在课程设置中注重知识的广度和深度，让学生掌握多方面的知识和技能，不断拓宽视野和提高能力。第二，我们要关注学生的身体健康。我们将注重体育课程的设置和推广，鼓励学生积极参与各种体育活动，让他们健康成长。第三，我们要注重德行兼备的培养。在校内，我们将注重校规校纪的培训，让学生懂得尊重他人、团结合作、诚实守信等美德。同时，我们也将注重道德教育的渗透，让学生在日常生活中自觉遵守社会道德规范。第四，我们将注重培养学生的坚决果断的精神。我们将在课程中注重培养学生的毅力和决策能力，让他们在面对挫折和困难时能够坚持不懈地追求自己的目标。第五，我们将注重培养学生的思考能力。我们将在各个学科中注重培养学生的思辨能力和创新能力，让他们能够灵活运用所学知识，解决实际问题。为此我们开设本校本课程，让学生在锻炼过程中得到健康的身体，在篮球的世界里汲取更多的知识，成为博学多才的人，在与同学不断地交流合作中培养善于思考的习惯、坚决果断的精神，让学生在学校期间得到全面的成长和发展。

2. 学生发展需求

初中生正处于青春期，对未来的人生充满迷茫。我们的校本课程旨在满足学生对榜样的追求、学习了解篮球技术、强身健体、坚定理想信念、提高比赛队伍配合能力等方面的需求，为学生的全面发展提供支持。第一，学生对榜样的追求是很正常的，因此我们的课程将注重培养学生的自信心和自我认知能力，帮助他们更好地认识自己，树立积极向上的人生态度。第二，我们将注重培养学生对篮球技术的学习和了解。我们将为学生提供专业的篮球课程，让他们掌握基本的篮球技术和战术，提高自己的篮球水平。第三，我们注重学生的身体健康，因此我们的课程将注重强身健体的培养。我们将为学生提供专业的体育锻炼课程，让他们养成良好的锻炼习惯，保持身体健康。第四，我们将注重培养学生坚定理想信念。我们将在授课过程中结合思想教育，让他们树立正确的人生观和价值观，坚定自己的理想信念，追求自己的人生目标。最后，我们将注重培养学生的比赛队伍配合能力。我们将为学生提供比赛训练课程，让他们在比赛中学习如何和队友配合，提高自己的团队协作能力和竞技水平。篮球是一项综合性的运动，在比赛过程要求学生投入热情和挥洒汗水，和队友共同追求一个目标。篮球能够让学生提高身体素质和心理能力，掌握一项课外技能。

▷▷▷ **课程资源**

我们的校本课程资源条件非常优越，教师来自省篮球队，拥有比较扎实的篮球技术、丰富的比赛经验；校内有篮球场，并配备医疗人员；不时组织正规的比赛，篮球氛围浓厚等。这些条件为学生们提供了一个良好的学习和锻炼环境，有助于学生们全面发展。

▷▷▷ **课程目标**

1. 知识与技能

（1）了解篮球比赛的规则以及篮球的各项技术。

（2）观看一场篮球比赛，深入观察球员的投篮动作，发现其中球员所运用的一些篮球技术，并运用到比赛中。

2. 过程与方法

（1）通过训练和对抗，感受篮球规则背后的规律和技巧对比赛的重要性；与小组成员讨论、分享体会到的经验和感受。

（2）通过不断的训练和对抗提高篮球技术，领悟篮球的魅力，和同伴追寻理想。

3. 情感、态度与价值观

（1）利用篮球比赛的知识来建立自己的竞争意识和团队合作能力，领悟奥林匹克精神。

（2）能勇于追求向往的生活，在遇到困难和竞争时能够勇敢面对，做到直面生活、热爱生活。

▷▷▷ **课程内容**

第一单元：史海识球

C1：篮球起源（2课时）

C2：篮球发展（2课时）

C3：现代篮球（2课时）

第二单元：球规球矩

C1：场地与得分（2课时）

C2：判罚与手势（2课时）

C3：人员与其他（2课时）

第三单元：技拟态美

C1：运球（2课时）

C2：传球（2课时）

C3：投射（2课时）

C4：上篮（2课时）

C5：防守（2课时）

C6：卡位（2课时）

C7：断球（2课时）

C8：突破（2课时）

C9：其他（2课时）

第四单元：舞动球场

C1：国内比赛（2课时）

C2：国外比赛（2课时）

C3：实战对抗（2课时）

▶▶▶ **课程实施**

（1）主要的教学方法：演示法、讲授法、教师指导下的学习活动法。

（2）主要的学习方法：接受学习、合作学习、探究学习。

（3）所需的教学条件：多媒体设备、球场、相关的短片、教室、相关器械。

单元主题	课程内容	学习内容	实施要求	主要教学方法和学习方法
第一单元 史海识球	第一课 篮球起源 （2课时）	1. 学习篮球的来历和了解篮球的发明者詹姆斯·奈史密斯。 2. 通过深入观看篮球相关视频，了解"篮球"这一名称的由来。 3. 完成小组分组	老师先引入篮球的话题，鼓励学生分享他们对篮球的认知，例如看过的比赛、打过的球赛等。然后向学生介绍篮球的来历和发明者。用多媒体展示相关内容，例如图片、视频、PPT等，以吸引学生的注意力。学生积极参与课堂讨论，回答老师提出的问题，并分享自己对篮球的看法和经验	教师通过讲授法介绍现代篮球的发展历史和基本技能（传球、投篮、运球、防守等）。学生通过自主学习与合作学习，掌握相关理论知识，讨论交流学习心得体会

续表

单元主题	课程内容	学习内容	实施要求	主要教学方法和学习方法
	第二课 篮球发展 （2课时）	1. 运用多媒体设备和书籍讲述国内篮球发展史。 2. 运用多媒体设备和书籍讲述国外篮球发展史	老师先向学生介绍篮球运动的起源，然后逐步讲解篮球发展史中的重要事件和人物。配合 PPT 或其他多媒体形式来展示相关内容，例如图片、视频、互动游戏等，以吸引学生的注意力。 学生进行小组讨论，互相交流彼此的观点和想法，以及对篮球历史的理解	教师运用讲授法，通过多媒体讲解篮球的发展史。 学生通过合作学习，掌握相关理论知识，小组讨论交流彼此的观点
	第三课 现代篮球 （2课时）	1. 学生了解现代篮球运动的规则、技巧和战术。 2. 掌握相关的训练方法	老师讲解篮球运动的基本规则，介绍篮球运动中常用的技巧，并重点讲解各种技巧的正确姿势和要领，介绍篮球战术，如进攻战术、防守战术等，通过案例分析和演示来说明如何有效地使用这些战术。介绍篮球运动所需的体能和技能，提供相关的训练方法，指导和监督学生的训练过程。 学生积极参与课堂讨论，回答老师提出的问题，并分享自己对篮球技巧和战术的看法	教师带领学生演示如何进行个人和团队训练。学生观看篮球比赛视频，合作探究比赛规则和战术并进行传球、投篮、运球、防守等基本技能训练。最后模拟比赛，体验实际比赛中的战术和策略

续表

单元主题	课程内容	学习内容	实施要求	主要教学方法和学习方法
第二单元球规球矩	第一课场地与得分（2课时）	1. 了解篮球比赛中篮球场地的规格、尺寸和材质。 2. 场地上的标记和边界。 3. 得分：投篮得分、罚球得分和三分球得分。 4. 攻守转换：快攻、反击等战术	教师结合篮球比赛视频，向学生讲解场地与得分方面的知识和技能。 学生听教师讲解，小组合作交流，共同学习有关篮球比赛的场地和得分相关知识，并进行投篮、罚球、三分球等得分技能训练，学习快攻、反击等攻守转换的战术	教师运用讲授法和演示法，展示各种篮球规则的录像，再向学生演示各种判罚情形。 学生通过接受学习和合作学习，学习课堂传授的理论知识，小组讨论感受与其他内容
	第二课判罚与手势（2课时）	1. 学习技术规则。 2. 学习符号的含义。 3. 学习动作。 4. 训练	教师讲解基本的判罚手势，并告诉同学们判罚手势在不同的场景、不同的比赛规则中含义是不一样的。 学生在教师的指导下训练判罚手势	教师运用演示法，通过动作展示，讲解基本的判罚手势。 学生通过合作学习，互相练习判罚手势
	第三课人员与其他（2课时）	1. 了解球场尺寸。 2. 详解比赛人数。 3. 副裁判和技术代表。 4. 队服的要求	篮球比赛需要在标准的球场上进行，于场地尺寸、制高点位置等信息有着严格的规定。教师带领学生实地观察、测量球场尺寸。之后向学生讲述篮球比赛的人员和队服要求，附带基本的篮球规则。 学生在教师的带领下，实地测量篮球场尺寸，学习相关的规则	教师通过讲授法讲解比赛人数，并实地测量球场尺寸。 学生通过自主探究法，掌握相关规则

续表

单元主题	课程内容	学习内容	实施要求	主要教学方法和学习方法
第三单元技拟态美	第一课运球（2课时）	学习篮球运球动作的种类，掌握运球的要领	在球场上，教师进行篮球运球示范，学生进行练习	教师运用演示法和活动学习法，利用身体展示篮球技巧的各种动作要领，指导学生模仿学习。学生通过接受学习和合作学习，学习课堂传授的篮球技巧，小组讨论感受与其他内容
	第二课传球（2课时）	学习篮球传球方式，掌握传球的技巧	教师讲授篮球传球的种类、方式，学生进行分组练习	
	第三课投射（2课时）	学习篮球的投射方式，找到适合自身的投射姿势	教师进行篮球投射示范，学生进行投射练习	
	第四课上篮（2课时）	学习篮球上篮的方式，掌握各种篮球的上篮技巧	老师请有接触过篮球的同学进行上篮展示，教师对其进行点评并做标准示范，学生进行练习	
	第五课防守（2课时）	学习篮球防守的正确招式，养成篮球对战中的防守意识	教师讲解防守招式并做动作示范，学生分组进行练习	
	第六课卡位（2课时）	学习篮球的卡位技巧，做到"有效卡位"	教师与学生先做篮球的卡位动作示范，学生分组练习	
	第七课断球（2课时）	学习篮球的断球方式，熟练运用断球技巧	教师讲授篮球断球方式并做动作示范，学生分组进行练习	
	第八课突破（2课时）	学习篮球的突破技巧，掌握突破要领	教师讲解篮球突破知识并做动作示范，学生分组练习	
	第九课其他（2课时）	学习篮球对战战术，做好对战安全防范意识	观看打篮球安全注意事项视频，学生进行小组比赛，教师对小组的战术进行指导	

续表

单元主题	课程内容	学习内容	实施要求	主要教学方法和学习方法
第四单元 舞动球场	第一课 国内比赛 (2课时)	学习中国男子篮球职业联赛（CBA）、全国男子篮球联赛（NBL）、中国女子篮球甲级联赛（WC-BA）、中国大学生篮球联赛（CUBA）、中国业余篮球公开赛（CHINA BASKETBALL OPEN）的基本组成以及比赛时间、地点和比赛的情况	教师播放相关赛事的宣传片，让学生阅读相关赛事的简介。教师向学生们讲解相关赛事的组成、发展及成就	教师利用演示法、讲授法，播放有关比赛宣传视频，讲授国内外篮球比赛的相关知识、篮球赛中的球员的位置、比赛技巧及队伍的配合技巧。学生运用接受学习和合作学习的方法，学习国内外各种篮球比赛的知识，通过合作进行实战练习，通过实战练习检验掌握知识和运用知识的程度，教师对课程进行总结，评价
	第二课 国外比赛 (2课时)	学习美国职业篮球联赛（NBA）、世界篮球锦标赛、斯坦科维奇洲际篮球冠军杯、NBA全明星赛、奥运会篮球赛、篮球世界杯、欧洲篮球联赛的基本组成以及比赛时间、地点和比赛的情况	教师播放相关赛事的宣传片，让学生阅读相关赛事的简介。教师向学生们讲解相关赛事的组成、发展及成就	

续表

单元主题	课程内容	学习内容	实施要求	主要教学方法和学习方法
	第三课 实战对抗 （2课时）	1. 学习篮球赛中队伍的位置及各个位置球员的功能。 2. 学习篮球赛中球员间的配合技巧以及各种打法和战术。 3. 学生组队进行实战对抗	教师讲授篮球赛中队伍的位置及各球员的功能，学生通过观看比赛视频，体会球员的功能，学习球员间的配合技巧，教师对学生篮球赛实战的表现进行评价	教师采用讲授法，通过在教室内播放篮球比赛视频，系统地讲解篮球比赛中各个球员的功能角色。 学生在教师指导下，运用探究学习法和合作学习法，由小组合作研究篮球比赛的各种规则、战术和打法

▶▶▶ **课程评价**

1. 评价活动

（1）教师通过课堂观察评价每位学生的课堂表现。

（2）学生通过组内互评的方式对组内成员的表现进行评价。

（3）教师通过观察学生在日常练习中的参与度与团队合作情况，来评估学生的团队协调能力和积极性。

（4）教师通过观察学生在课后的训练情况，评价学生对篮球知识、技术的复习掌握情况。

（5）学生通过组内互评的方式对组内成员的表现进行评价，小组内成员互评选出每组的最佳练习生，小组之间比拼选出最佳球团。

（6）学生根据课堂表现、学习态度、实战情况进行自评。

2. 成绩评定

（1）学习感想（10%）：学习收获、不足及改进。

（2）课堂表现（30%）：上课出勤率、上课积极性。

（3）能力掌握（30%）：篮球基本理论的掌握、篮球基本技术的掌握。

（4）实践练习（30%）：观看比赛录像模拟裁判50%、交流心得参与篮球比赛50%。

评分表

一级指标	二级指标	教师评分 (50%)	组员评分 (30%)	学生自评 (20%)	总分
学习感想 (10%)	学习收获 不足及改进				
课堂表现 (30%)	上课出勤率 上课积极性				
能力掌握 (30%)	掌握基本篮球理论 掌握篮球基本技术				
实践练习 (30%)	观看比赛录像模拟裁判 交流心得参与篮球比赛				
总分					
评分等级					

注：0～60 分为 D；61～77 分为 C；78～87 分为 B；88～100 分为 A。

（本案例编写者：赵义强、袁国福、梁鑫、杨全、覃春洪、赵方毅、黄呈易、陈世燊）

案例 2 千人千面——面具的认识与制作

【一般项目】

课程名称：千人千面——面具的认识与制作

课程性质：文艺特长

适应年级：初二

总课时：18 课时

▶▶▶ **课程说明**

这门课程可以让你体会到面具的历史渊源，领略中华传统文化戏曲之美。"面具制作"能让你深入其境，与伙伴共同探究面具之谜。这些，你好奇吗？

【具体方案】

▶▶▶ **背景分析**

1. 学校育人目标

学校秉承"一切为了学生的明天"的办学理念，通过"励志笃行"的校训、"求实创新"的校风、"勤学善思"的学风、"博学善导"的教风，以及坚持德智体美劳全面发展的育人方针，全面推进素质教育。面具作为中国传统文化艺术形式之一，具有深厚的文化底蕴。开设面具校本课程不仅能帮助学生增强文化自信和认同感，更能让他们在学习中体验面具的艺术魅力，从而培养审美能力；此外，动手制作过程中还能锻炼学生的实践能力和创造力。这一呈现方式对学生具有全方位的育人意义。

2. 学生发展需求

初二学生正处于身心发育期，性格特点是叛逆，易受外界影响，同时也表现出明显的兴奋性和易怒性。在此背景下，让学生深入学习中国传统面具制作与来源，既能够加强其对中国传统文化的认知，又有效提升其审美能力。同时，这一教学实践也能够培养学生的创新思维、动手能力，以及团队合作精神。通过这些教学活动的开展，希望学生能够在学习过程中放松身心，平复情绪，更好地理解并掌握面具艺术的特点和表现形式，为后续的艺术探索和个人才能的发展奠定良好基础。

▷▷▷ 课程资源

教师在教育技术学专业的学习中，系统掌握了"面具、脸谱与艺术"及相关教育学课程内容。

▷▷▷ 课程目标

1. 知识与技能

（1）了解面具的制作材料和创作的关系。

（2）掌握制作面具的造型、色彩、材质特点。

2. 过程与方法

（1）通过面具制作过程以及材料制作学习提高捕捉和发现材料美感的能力。

（2）通过制作面具的过程提高艺术创作能力。

3. 情感、态度与价值观

（1）体验面具的绘画过程，激发创作灵感、艺术感受能力和艺术欣赏能力。

（2）从多元角度认识面具，感受其中的文化内涵，形成保护与传承国家非物质文化遗产的正确价值观。

▷▷▷ 课程内容

第一单元：识面

C1：面具的起源与历史（2课时）

C2：面具的种类与用途（2课时）

C3：面具的制作材料（2课时）

C4：面具的造型特点与材料特点（2课时）

第二单元：见面

C1：面具绘画（2课时）

C2：面具装饰（2课时）

C3：实践操作（4课时）

C4：面具展示（2课时）

▷▷▷ 课程实施

（1）主要的教学方法：直观法、讲述法、教师指导下的学习活动法。

（2）主要的学习方法：接受学习、合作学习、探究学习。

（3）所需的教学条件：多媒体设备、面具、颜料、画笔。

单元主题	课程内容	学习内容	实施要求	主要教学方法和学习方法
第一单元 识面	第一课 面具的起源与历史 （2课时）	1. 学习面具的起源与历史。 2. 理解面具的起源与历史	教师提问学生关于面具的理解，然后讲述面具的起源与历史，并用多媒体以PPT的形式展示。学生讲讲本节课学到的知识并谈谈对面具的看法	教师运用直观法和口述法，运用多媒体讲授面具起源、历史、种类、用途、制作材料，以及其他关于面具的理论知识。 学生通过接受学习和合作学习，学习课堂传授的理论知识，小组讨论感受与其他内容
	第二课 面具的种类与用途 （2课时）	1. 学习面具的种类与用途。 2. 分析和了解面具在生活中的实际运用	教师用多媒体以PPT的形式展示面具的种类和用途相关图片和视频，然后进行讲述。学生认真学习面具种类与用途，并小组讨论学习心得	
	第三课 面具的制作材料 （2课时）	1. 知道面具的制作材料及其特点。 2. 完成面具制作材料清单	这节课以提问式教学为开端，教师通过引导性提问，均衡掌握学生对传统面具制作材料的基本认知。随后，教师基于专业知识补充值得注意的特色面具制作材料，并以PPT形式展示面具制作材料的分类。为深化学生对材料特性的理解，教师特别邀请了专业摄影师拍摄面具制作材料的实物照片，并播放了一段专业讲解视频。通过这一系列形式化、多维度的	教师在教学过程中巧妙运用探究法和讲述法，有效促进了学生对制作面具所需材料特点的掌握。 学生运用合作学习和探究学习方法，系统掌握面具的制作材料知识，并根据要求列出制作面具所需要的材料清单

续表

单元主题	课程内容	学习内容	实施要求	主要教学方法和学习方法
			教学手段，学生能够直观感知各类面具制作材料的特点及其应用场景，最终完成制作面具所需的物料清单。学生学习面具的制作材料知识，并列出制作面具所需要的材料清单	
	第四课面具的造型特点与材料特点（2课时）	1. 学习面具的造型特点，理解不同造型的面具的用途。2. 分析其使用的材料特点	教师采用多媒体展示的方法，系统讲解面具的造型特点，并通过 PPT、图片、视频等多种形式，在教学过程中生动传达专业知识。这种教学方式能够帮助学生直观理解复杂的技术要点，巩固课堂所学内容。学生在教师的指导下，深入学习面具造型特点	教师根据学生表现调整教学节奏和重点，充分调动各类教学方式，确保教学效果最大化。学生利用合作学习和探究学习，共同完成任务，并且探究学习过程中遇到的困惑
第二单元见面	第一课面具绘画（2课时）	1. 学习面具绘画流程。2. 根据已掌握的面具特点，对面具绘画进行分析	教师讲述面具绘画的方法，同时用多媒体以 PPT 的形式将面具绘画的方法展示出来，让学生动手绘画面具。学生学习面具绘画知识，并通过小组讨论，回答老师提出的相关知识问题	教师运用直观法和口述法，有力地促进了学生对构图原理的理解。学生通过接受学习和合作学习，学习课堂传授的理论知识，小组讨论感受与其他内容

续表

单元主题	课程内容	学习内容	实施要求	主要教学方法和学习方法
	第二课 面具装饰 （2课时）	1. 学习面具装饰。 2. 学会利用工具对画好的面具进行装饰	教师先详细讲解面具装饰的制作方法，然后通过多媒体播放相关的操作视频。 学生学习面具装饰的知识并亲自动手实践，小组交流讨论感想，并互相给小组成员打分	教师运用讲述法，讲述如何对面具进行装饰。 学生通过探究学习与合作学习方法，对面具进行装饰
	第三课 实践操作 （4课时）	1. 准备材料对面具进行绘画。 2. 对已经绘画好的面具进行装饰	回顾之前所学的知识点，教师简单讲解一下面具制作的步骤，并写在黑板上。 学生小组根据所学知识按照相应步骤进行面具制作	教师通过开展指导下的教学活动，在前面学习理论知识的基础上指导学生进行面具制作的实操。 学生通过接受学习和合作学习，运用前面所学知识在教师指导下通过小组合作共同制作面具
	第四课 面具展示 （2课时）	1. 展示所完成的作品。 2. 对他人的作品进行评价	教师将学生制作的面具进行展示。 学生对展示的作品进行点评，投票选出自己认为做得最好的面具，并总结心得体会	教师指导下的学习活动法，教师指导学生对所做作品进行展示。 学生利用合作学习和探究学习，共同完成任务后进行作品展示

▷▷▷ **课程评价**

1. 评价活动

（1）教师通过课堂观察评价每位学生的课堂表现。

（2）教师通过知识竞赛的得分情况，评价学生综合运用能力和小组合作能力。

（3）学生通过撰写课程感想，体会学习非物质文化遗产脸谱面具的意义并谈谈自己的收获。

（4）教师根据学生对展示作品的评价结果，以颁奖的形式评选出优秀奖与最佳参与奖。

（5）学生通过组内互评的方式对组内成员的表现进行评分。

（6）学生根据课程表现、参与程度和制作过程进行自评。

2. 成绩评定

（1）课堂表现（20％）：上课认真听讲，上课积极思考，上课踊跃发言。

（2）面具制作（50％）：运用理论知识完成制作任务，学会评价作品。

（3）课程感想（30％）：自评面具作品，撰写课程收获，反思经验教训，提出改进策略。

评分表

一级指标	二级指标	教师评分（50％）	组员评分（30％）	学生自评（20％）	总分
课堂表现（20％）	上课认真听讲 上课积极思考 上课踊跃发言				
面具制作（50％）	运用理论知识完成制作任务 学会评价作品				
课程感想（30％）	自评面具作品 撰写课程收获 反思经验教训 提出改进策略				
总分					
评分等级					

注：0～60分为D；61～77分为C；78～87分为B；88～100分为A。

（本案例编写者：覃能民、周子善、胡磊、陆律臣、殷锦泳、潘瑞森）

案例 3　趣味剪纸

【一般项目】

课题名称：趣味剪纸

课程性质：文艺特长

适应年级：初二

总课时：18课时

▷▷▷ **课程说明**

用诗、画装点校园，校园就呈现给你"诗天画境"；用剪刀裁剪生活，生活就呈现给你五彩缤纷。剪纸是在中国民间流行的一种历史悠久的民间艺术，一刀一纸一世界，你是否想一起体会剪纸艺术的乐趣？

这门课程将带你感受剪纸的魅力，剪出理想，剪出希望，剪出五彩缤纷的校园生活。本课程共十八个课时，从剪纸的基本概念及历史、剪纸的基本常识与技法、剪纸文化走进生活这三个方面展开，采用视频、图片、现场演示、实践活动等教学方式，开拓学生视野，培养其动手能力。

每一个剪裁都是一次审美的沉思。一位匠人的剪刀下去，常常能奏出时光的音符，让平凡的纸张绽放出不平凡的光彩。这不仅仅是技艺的展示，更是心境的映照。让我们将眼前美好的事物，用剪纸的形式剪出独属于自己的美好吧！

【具体方案】

▷▷▷ **背景分析**

1. 学校育人目标

学校遵循"成人成才成功"的育人理念，构建"立德立学立志"育人体系，全员育人，全面推行素质教育，坚持五育并举，用科学的育人导向，培养人格完整、身心和谐的学生。通过开展具有趣味性和创造性的剪纸活动，有效培养学生多方面的能力。首先，剪纸活动能够唤起学生的想象力和创造力，使他们在剪纸作品中展示独特的艺术表现；其次，此类活动有助于培养学生的耐心和毅力，在完成复杂剪纸作品的过程中，逐步提升自我信心和获得感。此外，剪纸不仅是一种艺术表达方式，更是锻炼学生集中注意力和手眼协调能力的有效工具。同时，趣味剪纸还能激发学生内在的学习兴趣，感受到知识运用过程中的乐趣，培养他们对学习的积极态度。总的来说，剪纸活动作为一种兼具实用性与趣味性的综合性活动，能够帮助学生全面发展。

2. 学生发展需求

剪纸是中国最为宝贵的纸类艺术之一。目前，剪纸也已成为中学美术教学的重点之一，这不仅能够使青少年紧紧抓住文化传承的脉络，还能促进他们艺术审美、动手能力、创新能力等多种能力的共同提升，符合新时代注重学生的全面发展和健全人格培养的美育观。

3. 课程资源

教师已有相关的剪纸知识储备，已经学习了剪纸以及相关教育学的专业知识。学校配置可供剪纸课使用的多媒体教学设备，专用美术教室和储藏教具、工具、材料的场所。学校的图书馆应配备剪纸书籍和其他资源，包括教师参考书、剪纸杂志、幻灯片和光盘等，供教师备课及上课，学生收集、查阅资料以及自学或合作学习时使用。

▷ ▷ ▷ **课程目标**

1. 知识与技能

（1）认识六种左右剪纸基本技法并描述每种技法的类型和适用的情形。

（2）能说出剪纸常见的技法名字和对应特征，并回忆起一般手法。

2. 过程与方法

（1）通过欣赏分析剪纸作品，体会民间剪纸的表现手法与创作过程，认识剪纸基本纹样，感受剪纸的表现力。

（2）通过给出的材料剪出简单的对称图案，进行创意比赛。

（3）在剪纸过程中，充分发挥学生的创造力和想象力，培养学生的创新意识。

3. 情感、态度与价值观

（1）体验学习活动的乐趣，获得对剪纸创作的持久兴趣，获得亲身参与实践的积极体验和丰富经验。

（2）感受民间剪纸艺术的魅力，提高学生对民间剪纸艺术的欣赏能力。

▷▷▷ *课程内容*

第一单元：剪纸的基本概念及历史

C1：中国剪纸介绍（1课时）

C2：中国剪纸派系（1课时）

C3：中国剪纸历史（1课时）

C4：中国剪纸用途（1课时）

第二单元：剪纸的基本常识与技法

C1：剪纸的工具、材料和工艺流程以及剪纸的种类（1课时）

C2：民间剪纸的题材与内涵（1课时）

C3：阳剪的三种基本技法（1课时）

C4：阳剪基本符号及造型（1课时）

C5：阳剪三种技法的实操（1课时）

C6：阴剪的三种基本技法（1课时）

C7：阴剪图形点及衍生造型（1课时）

C8：在阳图上添加阴剪纹样（1课时）

第三单元：剪纸文化走进生活

C1：融入童趣，剪出新意（2课时）

C2：创设情景，启发想象（2课时）

C3：归类技法，同中求异（2课时）

▷▷▷ *课程实施*

（1）主要的教学方法：直观法、口述法、演示法、教师指导下的学习活动法。

（2）主要的学习方法：自主学习、探究学习、合作学习。

（3）所需的教学条件：多媒体设备、相关的剪纸图片资源。

单元主题	课程内容	学习内容	实施要求	主要教学方法和学习方法
第一单元 剪纸的基本概念及历史	第一课 中国剪纸介绍 （1课时）	1. 剪纸的概念。 2. 剪纸的文化意义	教师向学生讲述剪纸的概念和文化意义。学生观看剪纸作品，分组讨论对这些剪纸图片的感受和自己的想法	教师运用直观法和口述法，直观地展示剪纸，讲述剪纸的基本概念以及文化意义。学生通过接受学习，学习课堂传授的理论知识，感受剪纸的魅力
	第二课 中国剪纸派系 （1课时）	1. 剪纸的七大派系来源。 2. 不同派系之间的共同点与差异	教师讲述剪纸的七大派系来源，展示七大派系作品。学生观察七大派系作品，分析不同派系之间的共同点与差异	教师利用口述法，通过展示作品，介绍剪纸的来源。学生通过自主学习与合作学习，学习课堂理论知识，小组讨论感受与收获
	第三课 中国剪纸历史 （1课时）	1. 剪纸的起源与发展。 2. 剪纸的风格演变	教师讲述并展示剪纸的起源与发展。学生了解剪纸的发展，分析剪纸的风格演变	教师通过口述法，直观、生动地讲解剪纸的起源与发展。学生通过自主学习与探究学习，逐步完成分析剪纸风格演变的任务，并探究分析剪纸风格的过程中遇到的困惑
	第四课 中国剪纸用途 （1课时）	1. 剪纸的四大用途。 2. 剪纸不同用途的寓意	教师讲述并展示剪纸四大用途。学生了解剪纸四大用途，分析剪纸不同用途的寓意	教师通过口述法与演示法，直观展示剪纸的用途。学生通过自主学习，学习课堂理论知识

续表

单元主题	课程内容	学习内容	实施要求	主要教学方法和学习方法
第二单元 剪纸的基本常识与技法	第一课 剪纸的工具、材料和工艺流程以及剪纸的种类 （1课时）	1. 认识剪纸的工具、材料。 2. 了解剪纸的工艺流程。 3. 能根据剪纸的不同形式进行分类	教师介绍剪纸工具的特点和剪纸的种类，以及如何正确选取剪纸工具，并讲解剪纸的工艺流程。 学生初步了解不同工具的用途以及不同工艺流程及种类之间的区别	教师运用直观法和口述法，运用实物和图片直观地展示剪纸，口述剪纸的基本流程。 学生通过自主学习、合作学习和探究学习，学习课堂传授的理论知识，小组讨论感受与其他内容，亲身体验剪纸的过程，完成课堂任务，并且探究剪纸过程中遇到的困惑
	第二课 民间剪纸的题材与内涵 （1课时）	1. 学习民间剪纸题材的主要构成部分。 2. 能体会到剪纸艺术的魅力所在	教师介绍民间剪纸题材的主要构成部分、题材所反映的内涵和思想感情。学生欣赏民间剪纸	教师运用演示法，讲授剪纸主要构成部分。 学生通过接受学习和合作学习，学习课堂传授的理论知识，小组讨论感受与其他内容
	第三课 阳剪的三种基本技法 （1课时）	1. 学习推剪、游剪、断剪的动作要领。 2. 能运用三种基本技法剪出简单图形	教师介绍阳剪三种技法的理论，通过展示剪简单图形向学生讲解三种技法的动作要领。 学生认真观察剪纸的动作，运用三种技法进行实操	教师运用演示法展示阳剪的技法。 学生通过合作学习与探究学习，学习相关动作要领，小组交流心得体会

续表

单元主题	课程内容	学习内容	实施要求	主要教学方法和学习方法
	第四课 阳剪基本符号及造型 （1课时）	1. 知道阳剪的基本符号及造型。 2. 能根据实例找出其中包含哪些基本符号	教师讲解阳剪的基本符号及造型。 学生欣赏由阳剪基本符号构成的造型，在实例中分析寻找阳剪的基本符号	教师运用口述法，通过展示造型图片，讲述相关理论。 学生通过接受学习与合作学习，学习阳剪包含的基本符号，小组交流讨论收获
	第五课 阳剪三种技法的实操 （1课时）	1. 利用之前学习的阳剪技法的理论及动作要领进行实操。 2. 利用基本符号的排列组合进行训练，锻炼创新思维能力	教师带领学生复习前面所学的阳剪技法的理论及动作要领，进行示范操作。 学生结合所学利用基本符号的排列组合进行训练	教师运用演示法与口述法，展示阳剪技法。 学生通过合作学习和探究学习，共同完成任务，并讨论交流操作过程中的困难
	第六课 阴剪的三种基本技法 （1课时）	1. 学习转折线位镂空、暗刀镂空、抠剪镂空的动作要领。 2. 能运用三种基本技法剪出简单图形	教师讲解转折线位镂空、暗刀镂空、抠剪镂空的动作要领。 学生掌握后结合所学运用三种基本技法剪出简单图形	教师运用口述法，通过实物展示，讲述阴剪的基本技法。 学生通过合作学习与探究学习，学习阴剪技巧，小组讨论交流阴剪过程中的困难
	第七课 阴剪图形及衍生造型 （1课时）	1. 学习阴剪的造型规律。 2. 能延伸创造出更多造型	教师讲解阴剪的造型规律。 学生根据想象创造更多造型	教师运用口述法，展示阴剪图形，讲授理论知识。 学生通过自主学习，学习课堂理论知识
	第八课 在阳图上添加阴剪纹样 （1课时）	1. 学习阳剪和阴剪的结合造型。 2. 能在阳图上加上阴剪花纹	教师讲解阴剪花纹在阳图上的运用效果。 学生尝试在阳图上加上阴剪花纹	教师运用口述法，通过图片讲授如何添加花纹。学生通过接受学习，掌握理论知识，小组讨论交流添加花纹的难处

续表

单元主题	课程内容	学习内容	实施要求	主要教学方法和学习方法
第三单元 剪纸文化 走进生活	第一课 融入童趣，剪出新意 （2课时）	1. 学习剪纸的各种技法。 2. 能将感兴趣的贴近生活的事物进行归类，用剪纸形式表现出来	教师向学生讲解剪纸的各种技法。 学生观看不同技法的剪纸作品，讨论这些剪纸的相同点和不同点，并动手剪纸	教师运用演示法和口述法，在剪纸的同时讲述剪纸技法的运用和规律。 学生通过自主学习和探究学习，学习课堂传授的理论知识，动手操作探究剪纸的方法
	第二课 创设情景，启发想象 （2课时）	动手实践：将课堂内容中的情景采用剪纸技术进行剪制	教师展示生活中常见事物的剪纸作品。 学生根据常见物品进行剪纸	
	第三课 归类技法，同中求异 （2课时）	1. 学习各种剪纸规律。 2. 能将一系列剪纸技术归类集中，寻求相同规律，自主设计并创作同题材的剪纸	教师向学生介绍在剪纸过程中的规律，带领学生摸索学习，一起寻找相同规律。 学生进行动手操作，设计剪纸造型	教师通过口述法，指导学生学会归类。 学生通过探究学习的方法，创作自己的个人作品，探究从本课程的收获

▶▶▶ **课程评价**

1. 评价活动

（1）教师通过课堂观察评价学生的课堂表现。

（2）教师通过观察学生在动手操作过程中的参与度，评价学生的动手实践能力。

（3）教师根据学生对作品的投票结果，以颁奖的形式评选出最佳创意奖。

（4）学生通过撰写课程感想，体会学习剪纸的意义并谈谈自己的收获和不足。

2. 成绩评定

（1）课堂表现（20%）：上课积极程度，上课认真听讲。

（2）剪纸作品比拼（50%）：剪纸方法的掌握，动手剪纸的能力，掌握剪纸理论。

（3）课程感想（30%）：自评剪纸作品、撰写课程收获、反思经验教训和提出改进策略。

评分表

一级指标	二级指标	教师评分 (50%)	组员评分 (30%)	学生自评 (20%)	总分
课堂表现 (20%)	上课认真听讲 上课积极思考 上课踊跃发言				
剪纸作品比拼 (50%)	剪纸方法的掌握 动手剪纸的能力 掌握剪纸理论				
课程感想 (30%)	自评剪纸作品 撰写课程收获 反思经验教训 提出改进策略				
总分					
等级					

注：0~60 分为 D；61~77 分为 C；78~87 分为 B；88~100 分为 A。

〔本案例编写者：李慧琳（组长）、潘泰如、罗梅琼、黄丽红、蒋紫云、陈敏莉、王燕红、陆彬彬〕

案例 4　走进缤纷多彩的泥塑世界

【一般项目】

课程名称：走进缤纷多彩的泥塑世界

课程性质：文艺特长

适应年级：小学二、三年级

总课时：18 课时

▶▶▶ **课程说明**

自古以来，中华民族就与泥土有着说不清、道不完的渊源。古老神话中，人类就是女娲用泥土一个个捏出来的；现实社会里，我们无不是从泥土地中获得粮食的；同样地，在艺术的海洋里，泥塑课程可以使孩子对泥塑这种艺术形式的历史发展形成初步了解、认知。

这门课程共有十八个课时，分为五个单元。本课程将通过手工制作泥塑作品来培养学生美育的发展，提高其动手能力与想象能力，使其在制作过程中体会到创新的快乐。

你是否喜欢泥塑作品？你是否喜欢它栩栩如生，五彩斑斓的样子？你是否喜欢手工制作泥塑？如果你也喜欢，那么快来加入我们吧！

【具体方案】

▶▶▶ **背景分析**

1. 学校育人目标

学校以"为学生的美育发展奠基"为办学宗旨，以"让每个孩子的生活都能变成一个精彩的故事"为核心价值观，尊重学生差异，践行教育民主，搭建人人可以出彩的平台，发展学生兴趣，努力培养学生"能生活、会生活、爱生活"的生命态度。通过对泥塑的体验、泥塑创作活动，培养学生的实践动手能力、创新能力，激发他们的兴趣爱好，提高综合艺术修养。在活动中，学生体验学习的快乐，通过小组合作学习，培养学生合作意识、知识技能、团队精神和人际交往能力。

2. 学生发展需求

处于小学阶段的学生，具有较强的好奇心，对新鲜的事物会产生浓厚的兴趣，通过课程逐步引导，他们的好奇和兴趣可以从感性认识上升到理性认识。因此，我们要利用学生的好奇心，不断启发他们通过思考得出结论，不断给予他们成功的机会，让他们体验成功的快乐，从而培养学习的兴趣。并且，泥塑作为我们中华传统雕塑工艺，可以让学生了解、学习民俗艺术，激发他们的学习兴趣，放飞想象力。

▷▷▷ **课程资源**

教师在大学学习美术学专业，系统掌握了"泥塑"相关的专业知识和实践技巧。许多教师曾加入泥塑社团，积累了扎实的理论功底和实践经验。使用彩泥进行泥塑具有显著的优势：材料简便易得，工艺柔软不黏手，干燥后可用水使其恢复柔软，具有良好的重复使用性和环保效应。

▷▷▷ **课程目标**

1. 知识与技能

学会欣赏泥塑的创作理念，掌握泥塑创作的一般规律。

2. 过程与方法

通过泥塑展现自己的个性与才智，释放艺术才华，提升文化品味。学会合作，体验合作的快乐。提高学生的观察、想象、创造和审美等能力。

3. 情感、态度与价值观

在创作泥塑的活动过程中，体验创新和成功的乐趣，陶冶性情，提高审美能力，增强合作意识。

▷▷▷ **课程内容**

预备单元：认识彩泥的世界

C1：彩泥的简历，欣赏其作品（1课时）

第一单元：走进彩泥的世界

C1：彩泥制作的基本手法（2课时）

C2：彩泥制作的基本形状（2课时）

第二单元：制作自然与日常生活元素泥塑作品

C1：制作雪人（1课时）

C2：制作花瓶（1课时）

C3：制作树叶（1课时）

C4：制作森林（1课时）

C5：活动与实践（2课时）

第三单元：制作简单的动物泥塑作品

C1：制作小鸡和小鸭（1课时）

C2：制作天鹅（1课时）

C3：制作小乌龟（1课时）

C4：制作青蛙（1课时）

C5：制作章鱼（1课时）

操作单元：泥塑

C1：泥塑的制作与展示（2课时）

▶▶▶ 课程实施

（1）主要的教学方法：直观法、口述法、实际操作法、教师指导下的学习活动法。

（2）主要的学习方法：自主学习、合作学习、探究学习。

（3）所需的教学条件：多媒体设备、彩泥。

单元主题	课程内容	学习内容	实施要求
预备单元 认识彩泥的世界	第一课 彩泥的简历，欣赏其作品 （1课时）	1. 学习彩泥的历史由来。 2. 欣赏彩泥作品	教师通过PPT展示彩泥历史的视频，而后进行讲解。 学生谈谈自己对彩泥的了解和感受，写下自己的体会
第一单元 走进彩泥的世界	第一课 彩泥制作的基本手法 （2课时）	学习彩泥的基本手法——团、挤、捏、搓、切、划、压	教师边讲解彩泥基本手法的理论边动手示范，讲解如何使用手揉捏。 学生边观察教师的示范边动手学习

续表

单元主题	课程内容	学习内容	实施要求
	第二课 彩泥制作的基本形状 （2课时）	认识不同的基本形状——圆球状、水滴状、梭形、正六面体、圆筒状、细长条状	教师讲解不同的基本形状的性质特点，并用手揉捏出不同的基本形状。 学生了解学习不同形状的差异性，并跟着教师一起制作
第二单元 制作自然与 日常生活元素 泥塑作品	第一课 制作雪人 （1课时）	基本技法的学习——练习揉泥球。利用大小不同的泥球制作雪人。体会泥塑制作的趣味性	教师逐步讲解如何制作雪人，以及需要注意的地方。 学生先细致观察教师制作雪人，然后自己动手制作
	第二课 制作花瓶 （1课时）	基本技能的学习——练习搓泥法。用盘泥条的方法制作花瓶	教师逐步讲解如何制作花瓶，以及需要注意的地方。 学生先细致观察教师制作花瓶的步骤，然后动手制作花瓶
	第三课 制作树叶 （1课时）	学会制作不同形状的树叶，结合上一课，完成树叶的制作	教师逐步讲解如何制作树叶。 学生先细致观察教师制作树叶的步骤，然后动手制作树叶
	第四课 制作森林 （1课时）	简单介绍蘑菇、小草的制作方法。以村边树林为依托，感受自然界的美	教师逐步讲解如何制作森林，以及需要注意的地方。 学生先细致观察教师制作森林的步骤，然后动手制作森林
	第五课 活动与实践 （2课时）	课堂分小组，运用所学的知识一起制作，感受制作过程的喜悦与泥塑之美	教师根据学生坐的位置将学生分成若干个小组，让学生一起制作同一件事物，感受团结协作的重要性与获得的喜悦。 学生分工合作，一起完成同一件事物的制作，共同探讨与协作，感受一起做泥塑的美与生活之美

续表

单元主题	课程内容	学习内容	实施要求
第三单元 制作简单的 动物泥塑作品	第一课 制作小鸡和小鸭 （1课时）	学习小鸡、小鸭的制作，并掌握二者的区别	教师逐步讲解如何制作小鸡和小鸭，以及需要注意的地方。 学生先细致观察教师制作小鸡和小鸭的步骤，然后动手制作小鸡和小鸭
	第二课 制作天鹅 （1课时）	学习天鹅的制作，感受造型美	教师逐步讲解如何制作天鹅，以及需要注意的地方。 学生先细致观察教师制作天鹅的步骤，然后动手制作天鹅
	第三课 制作小乌龟 （1课时）	学习小乌龟的制作，掌握小乌龟制作步骤要点	教师逐步讲解如何制作小乌龟，以及需要注意的地方。 学生先细致观察教师制作小乌龟的步骤，然后动手制作小乌龟
	第四课 制作青蛙 （1课时）	学习青蛙的制作	教师逐步讲解如何制作青蛙，以及制作青蛙时需要注意的地方。 学生先细致观察教师制作青蛙的步骤，然后动手制作青蛙
	第五课 制作章鱼 （1课时）	基本技法的学习——练习不同形状的组合运用	教师逐步讲解如何制作章鱼，以及需要注意的地方。 学生先细致观察教师制作章鱼的步骤，然后动手制作章鱼
操作单元 泥塑	第一课 泥塑的制作与展示 （2课时）	学生自由组队，每一个小组制作出2~5个泥塑作品，作业完成之后到讲台展示，其他小组进行评分	教师通过观察学生动手操作、参与度、组员分工安排情况等评价学生，并且打分，根据学生对作品的投票结果给前几名的小组颁奖。 学生观察各小组的作品展示并且进行互评

▶▶▶ **课程评价**

1. 评价活动

（1）教师通过课堂观察评价学生的课堂表现。

（2）教师通过观察学生动手操作、参与度、组员分工安排情况评价学生的动手操作能力和小组合作能力。

（3）教师根据学生对作品的投票结果，以颁奖的形式评选最佳创意奖、优秀奖等。

（4）学生通过组内互评的方式对组内成员的表现进行评价。

（5）学生根据课堂表现、参与程度、学习态度进行自评和他评。

2. 成绩评定

（1）课堂表现（20%）：上课出勤率、积极程度。

（2）动手操作（30%）：泥塑制作的掌握程度。

（3）作品成绩（30%）：小组作品 50%、个人作品 50%。

（4）课程总结（20%）：课程收获、对以后的期望。

评分表

一级指标	二级指标	教师评分（50%）	组员评分（30%）	学生自评（20%）	总分
课堂表现（20%）	上课出勤率 积极程度				
动手操作（30%）	熟练掌握泥塑制作 有能力的同学能制作出精品				
作品成绩（30%）	小组作品 个人作品				
课程总结（20%）	课程收获 对以后的期望				
总分					
等级					

注：0～60 分为 D；61～77 分为 C；78～87 分为 B；88～100 分为 A。

〔本案例编写者：蒋洪（组长）、张成超、谢海龙、邹通亮、牙侯帅、蒙伟、赵政、覃建鹏〕

下编

综合实践类

案例 1　红色耀龙州

【一般项目】

　　课程名称：红色耀龙州

　　课程性质：综合实践

　　适应年级：高中全年级

　　总课时：18 课时

▷▷▷ **课程说明**

作为新时代的接班人，继承和发扬先辈们的革命精神，用红色的激情去拥抱时代，拥抱人生，让红色基因代代相传，永不变色；让我们更加坚定信念为实现中华民族伟大复兴而奋斗！

这门课程介绍了龙州独有的革命故事，带领大家走进龙州，了解龙州的红色历史，感受先辈们在血与火的艰苦岁月中铸就的革命精神，让我们深刻意识到作为新时代接班人的责任与担当。

准备好了吗？让我们一起追随先辈的足迹，走进那抹中国红！

【具体方案】

▷▷▷ **背景分析**

1. 学校育人目标

"启智求真"是我校的育人目标。红色经典是中华民族的精神之魂。红色教育引导中学生传承和发扬老一辈革命家谦虚谨慎、不骄不躁、艰苦奋斗的优良作风，始终保持"启智求真"的精神。

2. 学生发展需求

（1）作为高中生，在日常的学习中，已经具备一定的红色精神，也对红色文化知识产生了需求。

（2）学生对中国革命的历史知之甚少，对幸福生活来源缺乏认知，尚未形成正确的价值观、人生观。

（3）学生对红色文化有着极大的兴趣，日常生活中，没有过多的时间给同学们开展实践活动，需要开设这样一门课程增加学生的红色精神文化知识，满足学生的需求，并能培养其不畏艰难、勇敢创新的精神。

▷▷▷ **课程资源**

（1）在教师方面，教师本人擅长历史文化知识，熟悉当地历史文化，并且有过实践研究。

（2）在教育经费方面，学校有一定的教育经费，能带领学生到实践基地中去学习，深入了解红色文化。

（3）在本土资源方面，龙州是个全国爱国主义教育示范基地，有着浓厚的红色文化氛围。

▷▷▷ **课程目标**

1. 知识与技能

（1）了解龙州红色文化的历史、理论和传统。

（2）掌握红色文化知识。

2. 过程与方法

（1）学生分享红色故事，小组进行交流讨论，分享感受。

（2）学生参观红色革命基地，亲身感受红色文化的深厚底蕴。

3. 情感、态度与价值观

（1）红色革命让学生深入缅怀革命历史，激发爱国情怀，促使他们珍惜宝贵的革命精神，树立正确的历史观。

（2）学生能够自豪于国家革命烈士的伟大作为，更能够坚定理想信念，传承红色基因。

▷▷▷ **课程内容**

第一单元：红色耀龙州

C1：龙州红色基地的历史发展（1课时）

C2：龙州红色基地的资源特点（1课时）

第二单元：龙州起义纪念馆

C1：红旗漫卷风雷激荡革命志（1课时）

C2：游龙州起义纪念馆（1课时）

C3：游龙州起义纪念馆有感（1课时）

第三单元：龙州小连城

C1：听小连城故事（1课时）

C2：探南疆长城——小连城（1课时）

C3：感悟小连城精神（1课时）

第四单元：红八军军部旧址

C1：红色景点——红八军军部旧址（1课时）

C2：红色寻迹——红八军军部旧址（1课时）

C3：红色记忆——红八军军部旧址（1课时）

第五单元：法国驻龙州领事馆旧址

C1：法国驻龙州领事馆历史概况（1课时）

C2：游法国驻龙州领事馆旧址（1课时）

C3：精神感悟（1课时）

第六单元：龙州烈士陵园

C1：认识龙州烈士陵园（1课时）

C2：探旧址寻求英雄故事（1课时）

C3：悟体会赓续革命精神（1课时）

第七单元：学习红色故事，赓续红色血脉

C1：演讲比赛（1课时）

▷▷▷ 课程实施

（1）主要的教学方法：直观法、口述法、教师指导下的学习活动法。

（2）主要的学习方法：自主学习、合作学习、探究学习。

（3）所需的教学条件：多媒体设备、相关的图片及图片构图资源、红色文化基地。

单元主题	课程内容	学习内容	实施要求	主要教学方法和学习方法
第一单元 红色耀龙州	第一课 龙州红色基地的历史发展 （1课时）	1. 学习龙州红色文化的历史起源及其发展过程。 2. 观看龙州红色文化相关视频	教师向学生讲述龙舟红色基地的历史及其发展。 学生观看相关视频，加深对龙州红色文化的了解	教师运用直观法和口述法，结合相关视频，讲述龙州的红色文化历史发展。 学生通过教师讲述和视频讲解，了解龙州红色文化起源
	第二课 龙州红色基地的资源特点 （1课时）	1. 了解龙州红色基地所处地理位置。 2. 了解龙州红色革命事迹	教师简要介绍龙州红色基地所处位置。 学生分享自己所了解的龙州红色革命事迹	
第二单元 龙州起义纪念馆	第一课 红旗漫卷风雷激荡革命志 （1课时）	1. 龙州起义的历史背景。 2. 龙州起义的故事。 3. 龙州起义的历史意义	教师讲述龙州起义的历史背景的相关内容，并且在课堂中穿插讲述龙州起义中发生的故事及带来的历史意义。 学生通过教师的讲解进行记录	教师运用直观法和口述法，介绍龙州起义的历史背景及其意义；分配小组，带领学生实地参观。 学生通过课堂学习和参观，记录印象深刻的历史人物、故事，小组交流合作，共同完成任务，并且撰写参观总结
	第二课 游龙州起义纪念馆 （1课时）	1. 参观龙州起义纪念馆：一起踏入先辈足迹，弘扬龙州起义精神。 2. 对记忆深刻的历史故事、人物进行记录	教师带领学生参观龙州起义纪念馆，并在参观过程中对龙州起义纪念馆中的历史人物、故事、物件进行讲解。 学生在参观过程中记录下自己印象深刻的人物、故事、物件	
	第三课 游龙州起义纪念馆有感 （1课时）	1. 完成小组分组。 2. 与小组成员交流合作。 3. 作游龙州起义纪念馆有感	教师组织学生进行小组分组，分配小组任务。 学生在小组中进行交流合作，将在参观龙州纪念馆中记忆深刻的事情进行总结，并在课堂上分享汇报	

续表

单元主题	课程内容	学习内容	实施要求	主要教学方法和学习方法
第三单元龙州小连城	第一课听小连城故事（1课时）	1. 学习小连城的历史背景和意义。2. 认识小连城英雄——苏元春。3. 观看小连城历史图片与视频	教师在课堂中播放小连城的图片以及视频，讲解小连城的历史背景和意义，以及带领学生认识小连城事迹中的英雄人物。学生通过观看视频和听教师讲解初步了解小连城	教师讲解小连城的故事；给学生观看视频；带学生实地参观。学生通过自主学习和探究学习，去基地实践，感受红色文化，分享收获并且撰写心得体会
	第二课探南疆长城——小连城（1课时）	1. 参观小连城领悟历史精神。2. 小组合作收集信息	教师带领学生参观小连城，并在参观过程中跟学生讲解小连城的故事。学生在参观过程中小组合作收集并记录关于小连城的故事	
	第三课感悟小连城精神（1课时）	1. 小组合作交流并整理收集到的故事。2. 小组代表分享。3. 教师总结	教师点评总结学生的分享。学生小组合作，查找资料，整理有关小连城的故事，并派代表进行分享	
第四单元红八军军部旧址	第一课红色景点——红八军军部旧址（1课时）	1. 了解红八军军部旧址的简介。2. 了解红八军军部旧址的历史沿革和旧址恢复状况	教师向学生讲解红八军军部旧址的地理位置和发展历史，以及旧址的恢复状况，并在课堂上播放红八军历史故事的视频。学生观看视频，小组讨论收获	教师带领学生参观红八军军部旧址，讲解其发展历史，讲述英雄故事，按小组分配任务。学生在教师的讲解和引导下，通过自己动口动手动脑等活动去学习，通过实地参观亲身感受；小组讨论，完成任务
	第二课红色寻迹——红八军军部旧址（1课时）	1. 重走红军古道，参观红八军军部旧址。2. 体验红八军光辉战斗历程和丰功伟绩	教师带领学生参观红八军军部旧址，体验革命军人的战斗历程和丰功伟绩，对历史人物、故事、物件进行讲解。学生参观完后收集有关资料进行记录	

续表

单元主题	课程内容	学习内容	实施要求	主要教学方法和学习方法
	第三课 红色记忆——红八军军部旧址 （1课时）	1. 感悟红八军精神，传承不息。 2. 合作交流，小组代表分享	教师布置小组任务。 学生小组代表在课堂上进行分享汇报，分享参观红八军部旧址的观后感	
第五单元 法国驻龙州 领事馆旧址	第一课 法国驻龙州领事馆历史概况 （1课时）	1. 法国驻龙州领事馆旧址简介。 2. 设立法国驻龙州领事馆原因	教师讲解领事馆的历史背景及设立原因，播放有关领事馆的视频。 学生通过老师讲解和观看视频，认识法国领事馆历史	教师运用直观讲授法，利用PPT讲述法国驻龙州领事馆的历史背景及设立原因，带领参观。 学生通过参观，了解领事馆的历史
	第二课 游法国驻龙州领事馆旧址 （1课时）	1. 回忆当年革命故事。 2. 感受百年历史感	教师带领学生实地参观领事馆，参与纪念活动，现场讲解有关知识。 学生通过参观和现场讲解进一步了解法国驻龙州领事馆历史	
	第三课 精神感悟 （1课时）	1. 百年历史文化体会。 2. 合作交流	教师分组让学生讨论总结。 学生小组内和小组外合作进行观后感交流	
第六单元 龙州烈士 陵园	第一课 认识龙州烈士陵园 （1课时）	1. 学习龙州烈士陵园的概况。 2. 了解龙州烈士陵园背后的故事	教师先讲述龙州烈士陵园的概况并展示图片，再引出其背后的故事，并给学生看相关视频。 学生分享触动到自己内心感受的英雄	教师运用直观法和口述法，讲授龙州烈士陵园相关内容；运用参观教学法，讲解旧址、英雄故事。 学生通过自主探索收集相关资料，质疑问难并做记录，小组讨论，共同解决疑问
	第二课 探旧址寻求英雄故事 （1课时）	1. 实地参观。 2. 学习英雄故事	教师带领学生参观龙州烈士陵园并在参观过程中对碑志、英雄故事进行讲解。 学生围绕参观内容收集有关资料，质疑问难，做好记录	

续表

单元主题	课程内容	学习内容	实施要求	主要教学方法和学习方法
	第三课 悟体会赓续革命精神 （1课时）	1. 学生分享参观报告。 2. 小组讨论	教师让学生整理参观笔记，分享书面参观报告。 学生小组讨论"如何继承与弘扬革命精神"，并在课堂上进行分享汇报	
第七单元 学习红色故事，赓续红色血脉	演讲比赛	结合前面所学，进行红色演讲比赛	教师对演讲进行点评，总结本课程的学习成果。 学生上台进行演讲，互评	教师对学生的演讲进行点评，总结本课程的学习成果。 学生上台演讲，互评，加强对红色文化的进一步体验

▷▷▷ **课程评价**

1. 评价活动

（1）教师通过课堂观察评价每位学生的课堂表现。

（2）教师通过演讲比赛的形式评价学生对红色文化知识的了解。

（3）教师通过观察学生在参观红色基地的过程中的参与度和组员分工安排情况，评价学生的观察能力和小组合作协调能力。

（4）教师通过小组的观察日记和汇报情况评价小组成员对红色基地的学习情况。

（5）学生通过组内互评的方式对组员的表现进行评价。

（6）学生根据课堂表现、参与程度和学习态度进行自评。

2. 成绩评定

（1）平时表现（20％）：包括课堂纪律、出勤率以及参与度。

（2）红色文化知识（15％）：根据学生参与的课堂提问情况来评定。

（3）演讲活动（15％）：包括语言表达能力、小组合作协调能力的评定。

（4）红色基地参观日记（30％）：包括每次红色基地实际活动的内容以及各小组分工合作的安排。

（5）汇报成果（20％）：由学生和老师共同评定，老师评价占50％，学生评价占50％，包括小组合作汇报分享。

评分表

一级指标	二级指标	教师评分 (50%)	组员评分 (30%)	学生自评 (20%)	总分
平时表现 (20%)	课堂纪律 出勤率 参与度				
红色文化知识 (15%)	课堂提问情况				
演讲活动 (15%)	语言表达能力 小组合作协调能力				
红色基地 参观日记 (30%)	红色基地实际活动内容 小组分工合作				
汇报成果 (20%)	语言表达能力				
总分					
评分等级					

注：0～60 分为 D；61～77 分为 C；78～87 分为 B；88～100 分为 A。

（本案例编写者：谢丽敏、白玉春、黄平、农堞仪、黄婷婷、阮雪萍、凌淑安）

案例 2　桂西南红色文化之旅

【一般项目】

课程名称：桂西南红色文化之旅

课程性质：综合实践

适应年级：初二

总课时：18 课时

▶▶▶ **课程说明**

赓续红色精神，在学习实践过程中培养爱国主义精神与民族自豪感。你想拥有打开革命之门的钥匙吗？

这门课程将带你揭开它的神秘面纱，追寻历史的真迹。本课程共十八个课时，采用视频、图片、实地考察等教学方式，利用研学活动对每单元知识进行辅助教学，将理论与实践相结合，开拓学生视野，培养其探索能力。

让我们穿越过去，走进桂西南。追忆革命入雄关，重走红旅思先烈。

【具体方案】

▶▶▶ **背景分析**

1. 学校育人目标

学校遵循"成人成才成功"的育人理念，构建"立德立学立志"育人体系，坚持以"博学健美，笃行善思"为校训，全员育人，全面推行素质教育，让每一个孩子都有出彩的人生。为此设立本课程，让学生通过研学等活动认识桂西南红色文化的精神内涵，使爱国主义精神入心入脑，提高学生的品德修养，实现素质育人，培养全面发展的社会主义接班人。

2. 学生发展需求

初二学生正处于价值观形成的一个重要时期，大部分的学生对红色文化的了解仅仅局限于课本，而作为新时代社会主义接班人，初中生应对红色文化有一个清晰的认识，特别是处于桂西南这个具有丰富革命文化和民族文化地区的学生，更应该对这些文化有更深入的了解，从而更好地增强他们的民族自信心和自豪感，树立正确的世界观、人生观、价值观。桂西南红色文化之旅对培养学生的爱国主义精神，传承红色基因具有深远意义。

▷▷▷ **课程资源**

桂西南地区拥有丰富多样的红色文化资源，其资源多集中于崇左和百色两地。崇左地处国家西南边陲，是一个有丰富革命文化的边疆地区，现阶段崇左含有 7 个红色旅游基地和 11 个红色文化景区，开发了 8 条红色旅游线。学习龙州起义、镇南关大捷等革命事件对现阶段的初中学生树立以爱国主义为核心的价值观具有重要作用。

▷▷▷ **课程目标**

1. 知识与技能

（1）了解桂西南红色文化的历史地位，能列举 2~3 个革命事迹。

（2）自主收集相关资料，能够撰写相关阅读笔记。

（3）能复述龙州起义等革命故事。

2. 过程与方法

（1）通过实地考察桂西南红色文化教育基地，提高学生的思想觉悟与综合素质。

（2）通过小组合作交流，分享红色文化故事，深入解读所了解的英雄事迹，丰富自身素养，提升思想境界，增强能力。

3. 情感、态度与价值观

（1）体验桂西南红色英雄事迹，培养爱国情感和民族自豪感，落实成人成才的育人理念。

（2）在知识与经验融合中，树立爱国爱民之志，尊重英雄先烈，认同革命先辈不畏艰险、视死如归的精神。弘扬红色精神文化，为培育社会主义核心价值观意识打下坚实基础。

▷▷▷ **课程内容**

第一单元：赤色龙州，左江风云

C1：铁桥鏖战震天罡（1 课时）

C2：壮士鲜血撒左江（1 课时）

C3：滋润木棉根底壮（1课时）

C4：重走红军壮士路（3课时）

第二单元：铁血雄关，南疆云涌

C1：镇南关里赤旗扬（1课时）

C2：壮士挥戈上阵冲（1课时）

C3：锦绣山河花正开（1课时）

C4：追忆革命入雄关（2课时）

C5：歌颂英雄家国情（1课时）

第三单元：中越干戈，宁明烽火

C1：怒转霜锋驰八桂（1课时）

C2：铁血忠贞报国还（1课时）

C3：辉同日月耀边关（1课时）

C4：回看峥嵘岁月史（2课时）

C5：凝一代红色精神（1课时）

▶▶▶ **课程实施**

（1）主要的教学方法：直观演示法、讲授法、讨论法、教师指导下的学习活动法。

（2）主要的学习方法：自主学习、合作学习、探究学习。

（3）所需的教学条件：多媒体设备、相关的红色电影资源、红色文化基地。

单元主题	课程内容	学习内容	实施要求	主要教学方法和学习方法
第一单元 赤色龙州， 左江风云	第一课 铁桥鏖战震天罡 （1课时）	1. 学习小组分组。 2. 学习龙州起义的历史背景以及了解铁桥阻击战的相关历史事件	1. 教师播放有关红八军的微电影。 2. 学生观看影视作品，学习龙州起义的背景、起因以及相关战役	1. 教师运用直观演示法和讲授法，借助多媒体设备播放影片，讲述龙州起义的内容。 2. 学生认真观看影片

续表

单元主题	课程内容	学习内容	实施要求	主要教学方法和学习方法
	第二课 壮士鲜血撒左江 （1课时）	1. 学习邓小平、李明瑞等革命先辈的英雄事迹。 2. 学习龙州起义的革命精神，缅怀革命先烈	1. 教师讲述邓小平、李明瑞等革命先辈的英雄事迹。 2. 学生认真聆听老师的讲解，随后学生分组讨论自己学习后的感想	教师结合视频讲授革命先辈的英雄事迹，分析事件的来龙去脉，在课堂上设置互动环节，将历史事件与现实的分析相结合，增强理解与记忆
	第三课 滋润木棉根底壮 （1课时）	学习木棉花称为"英雄花"的历史故事	1. 教师带领学生来到木棉树下，向学生讲述木棉花称为"英雄花"的历史故事。 2. 学生欣赏木棉花，认真聆听老师的讲述	1. 教师运用教师指导下的学习活动法，借助现场的木棉花与历史古迹，向学生讲述木棉花称为"英雄花"的历史故事。 2. 学生通过自主学习和分组合作学习，认真聆听讲解员以及教师的讲述，学生在小组内分享自己的学习感想
	第四课 重走红军壮士路 （3课时）	重走红军路，重温革命史	1. 教师组织学生一起重走红军路。 2. 学生切身感受革命先辈们坚守信仰的崇高品质和报国为民的炽热情怀	为确保学生安全，教师为组织重走红军路活动做好充分准备
第二单元 铁血雄关，南疆云涌	第一课 镇南关里赤旗扬 （1课时）	1. 学习镇南关大捷的历史背景和历史意义。 2. 观看镇南关大捷相关微视频	1. 教师向学生讲述镇南关大捷的战役过程和意义。 2. 学生观看镇南关大捷的相关视频，了解战役的历史背景	1. 教师运用讲授法，结合现代信息技术讲述镇南关大捷的相关知识。 2. 学生认真观看视频，小组内分享观看后的感受和收获

续表

单元主题	课程内容	学习内容	实施要求	主要教学方法和学习方法
	第二课 壮士挥戈上阵冲 （1课时）	1. 学习镇南关大捷中抗法名将冯子材等人的革命事迹。 2. 能通过学习简述英雄人物的事迹	1. 教师讲解冯子材等革命先辈的英雄事迹。 2. 学生认真聆听教师讲解，小组内简单复述此英雄事迹	1. 教师借助讲授法与讨论法引领学生学习镇南关大捷的英雄人物事迹以及奋斗精神。 2. 学生认真聆听教师讲解，通过自主学习及小组合作学习，小组内分享自己的学习感想及收获
	第三课 锦绣山河花正开 （1课时）	1. 学习革命前辈的爱国担当，以及临危不乱、敢于牺牲的奋斗精神。 2. 能通过学习伟大民族精神说说自己的收获	1. 教师讲授镇南关大捷背后蕴含的民族精神，借助微课，带领学生深刻体会革命前辈临危不乱、敢于牺牲的精神。 2. 学生认真聆听讲解，说说自身的感想	
	第四课 追忆革命入雄关 （2课时）	走入友谊关，追忆革命壮士，弘扬伟大抗战精神	1. 教师组织学生一起走入友谊关。 2. 学生切身感受清军在镇南关大败法国侵略者的历史过程	1. 教师运用讲授法讲解战役的相关过程。 2. 学生聆听讲解，感受当年的战役过程
	第五课 歌颂英雄家国情 （1课时）	1. 自主收集相关英雄事迹资料，撰写相关阅读笔记。 2. 撰写歌颂革命先辈民族精神的征文	1. 教师指导学生撰写阅读笔记及征文。 2. 学生根据自身感想撰写征文和阅读笔记，歌颂英雄	1. 教师指导下的学习活动法。 2. 学生上网查阅相关资料并撰写相关笔记和征文

续表

单元主题	课程内容	学习内容	实施要求	主要教学方法和学习方法
第三单元 中越干戈，宁明烽火	第一课 怒转霜锋 驰八桂 （1课时）	1. 学习中越战争的背景、起因、过程与影响。 2. 了解广西边防部队收复宁明县法卡山的过程	1. 教师向学生讲述中越战争的相关信息，为学生拓展相关知识。 2. 学生发表自己对中越战争的见解	1. 教师运用直观演示法与讲授法，结合多媒体教学设备，讲述中越战争的内容。 2. 学生通过讨论发表对中越战争的见解
	第二课 铁血忠贞 报国还 （1课时）	1. 了解中越战争中吴克华的英雄事迹。 2. 了解吴克华收复法卡山的经过	1. 教师叙述英雄吴克华的生平与其收复法卡山的经过。 2. 学生认真听讲	1. 教师运用直观演示法与讲授法，结合多媒体投影设备，展示相关图片，口述英雄吴克华的事迹与宁明县法卡山战争的经过。 2. 学生认真聆听，了解中越战争的英雄事迹
	第三课 辉同日月 耀边关 （1课时）	学习中越战争中解放军体现的不怕牺牲、勇往直前的革命精神	1. 教师叙述中越战争中所体现的革命精神。 2. 学生分组讨论自己学习后的感想	1. 教师运用直观演示法与讲授法，结合多媒体投影设备，展示相关图片，进行本节课的教学。 2. 学生通过自主思考和分组讨论进行本节课的学习
	第四课 回看峥嵘 岁月史 （2课时）	观看电影《闪电行动》	1. 教师播放电影《闪电行动》。 2. 学生认真观看并撰写观后感及本单元学习心得	1. 教师运用多媒体教学设备播放中越战争相关电影。 2. 学生认真观看后撰写心得
	第五课 凝一代 红色精神 （1课时）	分享红色故事	1. 教师组织学生分享红色故事。 2. 学生分享学习后的心得或分享自己所知晓的红色故事	1. 教师组织分享会。 2. 学生利用分享会发表自己的想法

▷▷▷ **课程评价**

1. 评价活动

（1）教师根据学生对课前问题的回答情况评价学生对桂西南红色文化的了解。

（2）教师根据每个学生在学习日记中对桂西南红色文化的课前疑问、资料收集、阅读笔记和学习总结进行评价。

（3）教师通过学生对影片的观赏、实地参观的感悟、课堂发言、小组讨论、完成的课堂任务、课后作业完成质量进行评价。

（4）学生根据课堂表现、参与程度和学习态度撰写自我鉴定。

（5）学生通过组内互评的方式对组内成员的表现、学习经验进行评价。

2. 成绩评定

（1）课堂表现（15％）：包括是否认真参与课堂学习、是否独立思考问题和是否全程参与学习。

（2）课堂活动（15％）：包括是否积极参与小组讨论，是否踊跃发言和是否流畅、正确地解说英雄事迹。

（3）课堂作业（25％）：包括是否收集资料、是否撰写阅读笔记与观后感和课堂任务、课外作业的完成质量。

（4）课堂总结（15％）：包括总结课堂收获、提出课程建议。

（5）课程考核（30％）：列举2～3个革命事迹、列举2～3点革命精神和分享2～3点学习心得。

评分表

一级指标	二级指标	教师评分（50％）	组员评分（25％）	学生自评（25％）	总分
课堂表现（15％）	是否认真参与课堂学习 是否独立思考问题 是否全程参与学习				
课堂活动（15％）	是否积极参与小组讨论 是否踊跃发言 是否流畅、正确地解说英雄事迹				

一级指标	二级指标	教师评分 (50%)	组员评分 (25%)	学生自评 (25%)	总分
课堂作业 (25%)	是否收集资料 是否撰写阅读笔记与观后感 课堂任务、课外作业的 完成质量				
课堂总结 (15%)	总结课堂收获 提出课程建议				
课程考核 (30%)	列举 2~3 个革命事迹 列举 2~3 点革命精神 分享 2~3 点学习心得				
总分					
等级					

注：0~60 分为 D；61~77 分为 C；78~87 分为 B；88~100 分为 A。

［本案例编写者：何凤月（组长）、李莹莹、唐舒婷、覃薇薇、何雯景、邓娜、姚斐斐、杨云朱］

案例 3　观红色影片，忆峥嵘岁月

【一般项目】

课程名称：观红色影片，忆峥嵘岁月

课程性质：综合实践

适应年级：初二

总课时：18 课时

▶▶▶ **课程简介**

爱国是中华民族的光荣传统，是一种强大的凝聚力和向心力，是推动历史前进的巨大力量，更是全国各族人民共同的精神支柱。

在这里，我们通过观看近代著名战争影片的形式，重现抗战的情景，追忆先人的伟大；并通过写观后感及观后感分享会的形式，谈谈大家在英雄身上看到的光辉精神。

让我们一起观看红色电影，通过影片体会过去，传承红色革命精神。

【具体方案】

▶▶▶ **背景分析**

1. 学校育人目标

学校以"为学生一生奠基，对民族未来负责"为办学理念，以"让学生继承和发扬革命优良传统"为切入点，通过开展红色文化教育，引导学生在健康成长的过程中铸就民族精神。本课程旨在培养青少年的爱国情感，弘扬和培育民族精神，完美践行学校"为学生一生奠基，对民族未来负责"的教育方针。

2. 学生发展需求

初中生处于长身体、长知识，思想意识形态逐渐趋于成熟的时期，具有极大的可塑性。同时，中学生作为祖国的下一代，肩负复兴中华的伟大使命，对中学生进行广泛的爱国主义教育，对造就时代新人具有极其深远的历史意义。倡导爱国主义教育，还能陶冶学生的精神，铸造思想情操，净化学生心灵，培养学生集体荣誉感，规范学生行为和习惯，对学生人生观、世界观的形成具有深刻影响。

▷▷▷ **课程资源条件**

教材方面：百色中学有着厚重的文化底蕴和光荣的革命传统。学校编写了《红·美》等红色三部曲校本教材，使学生了解我党的光辉奋斗历程，了解百色起义相关历史背景，增强学生爱国热情，进一步继承和弘扬伟大的百色起义精神，培养学生具有美的理想、美的情操、美的品格和美的素养，成为内心充盈，具有艺术能力的新时代健全社会公民。

建筑方面：百色中学有红礼堂、百年百中文化广场、红色文化长廊、桃李园等校园文化园地。学生在耳濡目染中提高对红色革命故事的求知欲，激发学生的爱国热情。

▷▷▷ **课程目标**

1. 知识与技能

了解中国近代时期的部分革命故事，了解抗战历史，理解抗战的意义。

2. 过程与方法

（1）通过观看红色电影，加深对党和人民英雄的认识；与小组成员讨论、分享观看电影后的思想情感。

（2）通过参观校园红色基地、红色博物馆，启发学生继承和发扬革命精神，为实现中华民族的伟大复兴而努力奋斗。

3. 情感、态度与价值观

（1）在影片背景的学习和探讨中，感受革命先辈们的精神，增强爱国之情。

（2）对影片人物及事件的探讨，建立正确的世界观、人生观、价值观。

（3）了解抗战历史，培养爱国主义精神，能够更加深刻理解爱国情怀。

▷▷▷ **课程内容**

第一单元：上甘岭战役

C1：浅谈上甘岭（1课时）

C2：观影《上甘岭战役》（2课时）

C3：分享红色感悟（1课时）

C4：参观红色文化长廊（2课时）

第二单元：铁血昆仑关

C1：观看《铁血昆仑关》（2课时）

C2：体验并分析人物情感（2课时）

C3：讨论如何落实传承精神（2课时）

第三单元：百色起义

C1：了解百色起义（1课时）

C2：观影《百色起义》（2课时）

C3：红色感悟（1课时）

C4：穿行于红色时空隧道中（2课时）

▶▶▶ **课程实施**

（1）主要的教学方法：直观法、口述法、教师指导下的学习活动法。

（2）主要的学习方法：自主学习、合作学习、探究学习。

（3）所需的教学条件：多媒体设备、相关的图片及图片构图资源、学校风景。

单元主题	课程内容	学习内容	实施要求	主要教学方法和学习方法
第一单元上甘岭战役	第一课浅谈上甘岭（1课时）	1. 了解上甘岭战役的历史和英雄人物故事。2. 了解有关上甘岭战役的历史背景	教师向同学们讲述关于上甘岭战役的知识和英雄人物的故事，并设置有趣的知识问答。学生收集有关上甘岭战役的历史资料，结合老师所讲内容，完成知识问答活动	教师通过口述法及问题链的形式激发学生对上甘岭战役知识的兴趣。学生学习相关知识，在自主探究的过程中掌握知识
	第二课观影《上甘岭战役》（2课时）	1. 观看电影《上甘岭战役》。2. 小组谈谈观影后的感受和体会	教师分析上甘岭战役的背景原因，让学生体会抗美援朝保家卫国的历史意义。学生从观看影片中更深刻体会红色故事的意义和爱国精神	教师通过直观法和口述法让学生了解抗美援朝期间的历史文化。学生通过自主学习的方法，观看并学习影片，体会影片所含的爱国精神，并通过谈谈观后感的方式，表达自己独特的见解

续表

单元主题	课程内容	学习内容	实施要求	主要教学方法和学习方法
	第三课 分享红色感悟 （1课时）	1. 撰写总结，分别分享自己以及小组的收获和感受。 2. 能够理解并感受上甘岭战役之中的精神	教师讲解观后感的格式，并点拨书写内容。 学生对之前所学所看进行观后感编写、总结，并上台发言	教师通过教师指导下的学习活动方法，让学生进行总结。 学生在自主合作学习中，充分表达自己的观点和看法
	第四课 参观红色文化长廊 （2课时）	1. 通过参观文化长廊，了解战争的历程。 2. 通过小故事，从英雄人物身上学到优秀的品质	教师带领同学们参观文化长廊，讲解文化长廊所记载的英雄事迹。 学生通过参观文化长廊了解战争的残酷，感悟英雄人物的伟大，忆苦思甜，珍惜如今难得的和平生活	教师通过教师指导下的学习活动方法，带领学生参观文化长廊，体验历史的艰辛，感受当前美好来之不易
第二单元铁血昆仑关	第一课 观看《铁血昆仑关》 （2课时）	1. 了解抗日战争片《铁血昆仑关》的历史背景，认识广西的抗日战争英雄。 2. 欣赏优秀的抗日战争片。 3. 完成小组分组	教师打印并分发《铁血昆仑关》影片的文字版简介给学生，接着教师通过多媒体播放电影《铁血昆仑关》。 学生阅读简介了解战争发展过程，接着观看影片欣赏战争发展情节	教师通过口述法和直观教学法让学生了解到抗日时期的历史文化，并带领他们学习、体验影片，走进历史影片的奇妙世界
	第二课 体验并分析人物情感 （2课时）	1. 体验影片中英雄人物的情感变化。 2. 按照时间顺序欣赏当时的照片、纪念物	教师在课堂上组织学生讲述某一重要时段某人物的情感变化，并带队到校史馆参观，了解抗日战争突出人物英雄。 学生描述情感变化并参观体验	教师通过口述法和实地参观法让学生真真切切体会到历史人物的情绪波动，知道为什么英雄要义无反顾冲锋陷阵，深植爱国主义于学生心中

续表

单元主题	课程内容	学习内容	实施要求	主要教学方法和学习方法
	第三课 讨论如何落实传承精神 (2课时)	1. 学生学习讨论抗日战争精神。 2. 落实到学生具体生活中要怎么做才算是传承	教师指导学生进行小组讨论交流抗日战争精神落实到生活中应该可以怎样做。 教师在课堂上组织学生扮演英雄人物进行对话。 学生讨论交流具体做法并进行角色扮演	教师通过角色扮演活动让同学们更好地理解英雄，带着情怀、爱国主义扮演好英雄人物，体会当时条件的艰苦，更加珍惜我们现在来之不易的幸福生活
第三单元 百色起义	第一课 了解百色起义 (1课时)	1. 学习百色起义的历史背景、起义经过、起义结果和后续。 2. 完成小组分组，并进行讨论	教师向学生讲述百色起义的历史背景、起义经过、起义结果和后续。 学生根据学到的内容，结合历史背景分组讨论百色起义的根本原因和直接原因	教师运用口述法讲述历史事件、人物、地点、时期等背景知识，让学生快速初步了解百色起义
	第二课 观影《百色起义》 (2课时)	1. 提出百色起义中的细节问题。 2. 观影《百色起义》	教师提出一些有关百色起义的问题。 学生带着这些问题观看影片《百色起义》，观影后小组讨论结果	教师将电影作为教材，让学生通过视觉、听觉等多种感官体验历史事件的真实性和具体性
	第三课 红色感悟 (1课时)	1. 分享观看影片的感想，分析英雄人物的品质。 2. 学生与小组成员交流	教师给定任务，学生以小组为单位，运用自己所了解的百色起义的知识去分析英雄人物所具有的品质，写下对影片的感想。 最后学生分享交流，教师点评	学生交流自己对电影的理解和感受，促进思想碰撞和学习合作
	第四课 穿行于红色时空隧道中 (2课时)	1. 学习和观赏校园内有关影片的红色文化，拍摄学校内能体现红色文化的建筑。 2. 能提高对红色革命的求知欲，领悟百色精神	教师在校园中给定地点和任务，学生以小组为单位各自去参观校园内有关红色文化的建筑，加深对百色起义的理解，并讨论百色精神的内涵	教师带领学生走进真实的历史场景，感受历史的沉淀和珍贵性

▶▶▶ **课程评价**

1. 评价活动

（1）教师通过课堂观察评价学生的课堂表现。

（2）教师通过学生分享观后感的内容和积极性评价学生对本单元所观看的红色电影的了解程度。

（3）学生根据课堂表现、参与程度和学习态度自评。

（4）学生通过组内互评方式对组内成员的表现进行评价。

（5）学生通过撰写课程感想，体会学习赏析红色影片的意义并谈谈自己的收获与感想。

2. 成绩评定

（1）课堂活动（30%）：上课认真听讲、上课积极思考、上课踊跃发言。

（2）课堂表现（20%）：上课出勤率、课堂纪律各10%。

（3）观后感（50%）：通过深入的自我反思，撰写心得体会。

评分表

一级指标	二级指标	教师评分（50%）	组员评分（30%）	学生自评（20%）	总分
课堂活动（30%）	上课认真听讲 上课积极思考 上课踊跃发言				
课堂表现（20%）	上课出勤率 课堂纪律				
观后感（50%）	通过深入的自我反思，撰写心得体会				
总分					
评价等级					

注：0~60分为D；61~77分为C；78~87分为B；88~100分为A。

［本案例编写者：马晓慧（组长）、潘丹璇、黄翠婷、岳坤兰、刘玉清、黄军颖、伍家坤、杨傲］

案例 4　自救与互救小技能

【一般项目】

课程名称：自救与互救小技能

课程性质：综合实践

适应年级：初中全年级

总课时：18 课时

▷▷▷ **课程说明**

随着现代化社会的高速运转、高科技的日新月异，车水马龙快节奏的城市里，意想不到的突发事件，随时威胁着人们脆弱的生命。因此向广大师生普及急救自救知识和突发事件应急处理方式有着重要的意义。

如果你想从容应对突发事件，那么这门课程将是你不可多得的终身学习焦点。通过系统化的学习路径，我们将启发你的心智，强化你的思维能力，帮助你提升应对突发事件的实战能力。本课程不仅将开拓你的人格认知，更会深化你对安全知识的理解，全面培养你的心理防范能力。

让我们一起学习急救自救知识，提高自救互救技能，筑起生命的防护墙，保护生命。

【具体方案】

▷▷▷ **背景分析**

1. 学校育人目标

学校以"努力提高学生的综合成绩，促进学生全面发展"为办学宗旨，以"让每个学生都能健康快乐地成长"为核心价值观。在生活中随处可见各类突发事件，掌握急救小知识就成了应对这些意外的重要手段。通过学习急救知识，学生能够真正理解安全与健康的生活方式。这不仅能防范意外伤害，更能培养其自我保护意识，促进身心全面健康的发展。

2. 学生发展需求

中学生对生活中的突发事件往往不知所措，急救小知识的学习不仅仅是提升个人健康成长能力的手段，更能够帮助他人。值得注意的是，当我们掌握急救技能的同时，也在培养尊重生命、关爱他人的精神，这正是德育教育的重要载体。

▶▶▶ **课程资源**

在教师方面，教师本人擅长急救互救知识，并有实操经验，同时会运用各种急救教具结合教学视频进行教学。

在教学方面，学校有较为齐全的多媒体设备及急救教具，能够在教学中充分使用，部分学生可能无法在家用电子设备进行课后练习，但叫通过师生合作，进行资源共享。

在人员方面，学生比较活泼，对实践课比较有兴趣，对于课堂上的模拟演示会积极配合，不会出现人员短缺的局面。

▶▶▶ **课程目标**

1. 知识与技能

（1）了解自救与互救的概念及应对的方法。

（2）掌握应对突发情况的有效方法，在演练中增强应变能力。

2. 过程与方法

（1）通过观摩自救与互救的视频，以及结合日常生活中的实例，探讨并交流当出现不同情况时的应对策略。

（2）通过模拟与想象出现意外情况时自救与互救的措施，提高自救与互救的正确操作方法。

3. 情感、态度与价值观

（1）提升自救与互救的应用意识，激发学生们对自救与互救知识的深入了解。

（2）模拟或想象当出现意外情况时自救与互救的措施，感受自救与互救的心态，体验做一名"安全救护"的志愿者。

▶▶▶ **课程内容**

预备单元：什么是自救互救

C1：各类自救互救的常识（1课时）

第一单元：急性中毒的应急处理

C1：煤气中毒（1课时）

C2：蛇毒（1课时）

C3：食物中毒（1课时）

C4：农药中毒（1课时）

第二单元：常见意外事故的现场急救

C1：中暑（1课时）

C2：溺水（1课时）

C3：触电（1课时）

C4：火灾（1课时）

C5：水灾（1课时）

第三单元：各类创伤的现场急救

C1：烧伤（1课时）

C2：跌打损伤（1课时）

C3：烫伤（1课时）

C4：冻伤（1课时）

第四单元：人体常见身体意外

C1：呼吸道异物（1课时）

C2：高血压（1课时）

C3：气道阻塞（1课时）

总结单元：突发事件的自救互救

C1：认识并掌握突发事件的自救互救方法和措施（1课时）

▶ ▶ ▶ **课程实施**

（1）主要的教学方法：直观法、口述法、实践法、教师指导下的学习活动法。

（2）主要的学习方法：自主学习、合作学习、探究学习。

（3）所需的教学条件：多媒体设备、相关的图片及视频、生活课堂实例。

单元主题	课程内容	学习内容	实施要求	主要教学方法和学习方法
预备单元 什么是自救互救	第一课 各类自救互救的常识 （1课时）	了解各类自救与互救的基本常识	教师讲解各类自救互救有哪些知识，以及学习这门课程的重要性。 学生小组系统性地探讨自救与互救的基本常识	教师采用口述法进行授课，利用多媒体课件直观展示
第一单元 急性中毒的应急处理	第一课 煤气中毒 （1课时）	1. 煤气是什么。 2. 哪些因素容易发生煤气中毒。 3. 当发生煤气中毒时的应对方法	教师提问有哪些因素容易发生煤气中毒引发学生思考。 教师分享煤气中毒的事件。 学生小组讨论引起煤气中毒的原因。 学生总结出煤气中毒的应对方法	教师运用直观法和口述法，通过展示急性中毒的视频案例，口述相对应的中毒应急措施。 学生通过接受学习和合作学习，学习课堂传授的理论知识，小组讨论感受与其他内容
	第二课 蛇毒 （1课时）	1. 蛇的分类。 2. 蛇的活动及生殖。 3. 毒蛇与无毒蛇牙齿的区别。 4. 蛇毒致人死亡原因。 5. 蛇伤及治疗	教师讲解蛇的分类及其活动时间和生殖方式。 学生区分毒蛇与无毒蛇牙齿的区别。 学生讨论分析蛇毒致人死亡原因。 学生小组讨论蛇伤的治疗方法有哪些	
	第三课 食物中毒 （1课时）	1. 食物中毒的分类。 2. 食物中毒的特点。 3. 食物中毒的应急处理。 4. 食物中毒的预防	教师讲解食物中毒的分类和特点。 学生讨论食物中毒的应急方式。 学生小组展示食物中毒的预防措施	

续表

单元主题	课程内容	学习内容	实施要求	主要教学方法和学习方法
	第四课 农药中毒 (1课时)	1. 农药中毒的分类。 2. 农药中毒的特点。 3. 农药中毒的应急处理。 4. 农药中毒的预防	教师讲解农药中毒的分类以及应急方式。 学生小组展示农药中毒的应急措施	
第二单元 常见意外事故的现场急救	第一课 中暑 (1课时)	1. 什么是中暑。 2. 中暑的症状。 3. 中暑急救方法。 4. 预防中暑的方法	教师讲授中暑的急救方法。 学生观看中暑的视频，小组探究归纳中暑的症状。 学生讨论如何预防中暑。编制防暑降温小常识	教师运用直观法和口述法，通过展示中暑、溺水及触电等视频案例，口述相对应的急救方法。 学生通过接受学习和合作学习，学习课堂传授的理论知识，小组讨论感受与其他内容
	第二课 溺水 (1课时)	1. 什么是溺水。 2. 溺水的急救方法。 3. 游泳的注意事项。 4. 落水不要错误施救。 5. 落水如何自救	教师讲授溺水的急救方法以及落水不要错误施救。 学生观看溺水视频，并归纳游泳的注意事项、特点。 学生小组模拟展示落水时如何自救	
	第三课 触电 (1课时)	1. 什么是触电。 2. 触电有哪些表现。 3. 如何对触电者施救	教师讲解触电的概念以及事故。 学生思考触电的方式有哪些。 学生小组探究归纳触电的表现。 学生共同总结对触电者的施救方法	

续表

单元主题	课程内容	学习内容	实施要求	主要教学方法和学习方法
	第四课 火灾 （1课时）	1. 什么是火灾。 2. 火灾的等级。 3. 遇到火灾，如何自救	教师讲解火灾的概念及发生火灾事故的各种原因。 学生共同讨论如何预防火灾及应急措施	
	第五课 水灾 （1课时）	1. 什么是水灾。 2. 水灾的等级。 3. 遇到水灾，如何自救	教师讲解水灾的概念及发生水灾事故的各种原因。 学生讨论发生水灾的应急措施	
第三单元 各类创伤的 现场急救	第一课 烧伤 （1课时）	1. 烧伤的概念。 2. 烧伤伤情的判断。 3. 不同程度烧伤的处理方法	教师讲解烧伤程度的分级、特点、救助措施。 教师举例提问学生关于烧伤程度的评估以及应对方法。 学生总结不同程度烧伤的处理方法	教师运用直观法讲授课程，利用视频案例讲解烧伤、跌打损伤、烫伤及冻伤。 学生通过接受学习和合作学习，明确自主学习目标，小组内部解答各成员的困惑
	第二课 跌打损伤 （1课时）	1. 什么是跌打损伤。 2. 跌打损伤包括哪些。 3. 跌打损伤的注意事项。 4. 跌打损伤的处理方法	教师讲解一些生活中常见的跌打损伤以及注意事项和突发情况的处理方法。 学生讨论跌打损伤的处理方法有哪些。 学生讨论总结跌打损伤的注意事项有哪些	
	第三课 烫伤 （1课时）	1. 什么是烫伤。 2. 烫伤的分级。 3. 烫伤的急救与护理。 4. 烫伤的预防	教师提问什么是烫伤的急救方法与护理，引发学生的思考。 教师通过图片展示。 学生了解烫伤的危害，讲解不同烫伤程度的处理。 学生知道怎样紧急处理烫伤	

续表

单元主题	课程内容	学习内容	实施要求	主要教学方法和学习方法
	第四课 冻伤 （1课时）	1. 什么冻伤。 2. 冻伤的等级。 3. 冻伤的处理方式。 4. 冻伤的预防	教师讲解什么是冻伤，在寒冷的环境下如何预防冻伤，以及应急措施有哪些。 学生小组讨论冻伤的处理方法有哪些	
第四单元 人体常见 身体意外	第一课 呼吸道异物 （1课时）	1. 什么是呼吸道异物。 2. 呼吸道异物的常见原因。 3. 呼吸道异物的辨认与分类。 4. 急救方法	教师引导学生感知呼吸道结构，讲解常见的呼吸道异物以及如何去辨认和分类呼吸道异物。 学生了解发生紧急情况时的处理方法。 学生讨论呼吸道异物如何辨认与分类	教师运用直观演示法、口述法、实验法，利用相对应的急救器材和观看对应的视频，口述呼吸道堵塞及高血压的急救理论。 学生通过接受学习和合作学习，学习课堂传授的理论知识，小组讨论感受与其他内容
	第二课 高血压 （1课时）	1. 什么是高血压。 2. 高血压的主要危害。 3. 高血压的流行情况。 4. 高血压的改善措施	教师通过视频展示讲解高血压带来的危害和改善措施。 学生学会区分高低血压与高血压的主要危害。 学生查阅高血压的流行情况	
	第三课 气道阻塞 （1课时）	1. 什么叫气道阻塞。 2. 怎么会气道阻塞。 3. 气道堵塞怎么认。 4. 气道阻塞怎么救	教师通过视频引领学生了解气道阻塞，讨论为什么会引起这种情况发生。 教师讲解怎么分辨和处理气道阻塞。 学生通过视频了解什么叫气道阻塞。 学生小组讨论气道阻塞施救的方法	

续表

单元主题	课程内容	学习内容	实施要求	主要教学方法和学习方法
总结单元突发事件的自救互救	第一课 认识并掌握突发事件的自救互救方法和措施 （1课时）	1. 利用前面课程所学的知识，学会处理生活中发生紧急情况的救护措施。 2. 撰写课程总结，分析自己的收获与总结	教师分组并设置任务，指导学生练习处理紧急情况的措施。 学生运用已学习的急救知识，与小组成员共同应对紧急情况。 学生分享交流	教师指导下的学习活动法。 学生通过探究学习的方法，分享自己所学到的处理方法，并且撰写课程总结，探究学习本课程的收获

▷▷▷ **课程评价**

1. 评价活动

（1）教师通过课堂观察评价每位学生的课堂表现。

（2）教师通过知识竞赛的形式评价学生对急救互救基本知识的了解程度。

（3）教师通过观察学生在动手操作过程中的参与度和组员分工安排情况，评价学生的动手实践能力与小组合作协调能力。

（4）教师通过小组的操作记录和汇报情况，评价小组成员在课堂上的听课情况。

（5）教师根据学生的实践展演结果，以颁奖的形式评选出一等、二等、三等、优秀等奖项。

（6）学生通过组内互评的方式，对组内成员的表现进行评价。

（7）学生根据课堂表现和学习态度进行自评。

2. 成绩评定

（1）课堂表现（20%）：上课积极程度、上课认真听讲。

（2）能力掌握（50%）：掌握自救与互救的操作方法、掌握应急救护的基本技能、学会分析案例中的操作方法。

（3）课程总结（30%）：撰写课程收获、自评实践演示操作、反思经验教训。

评分表

一级指标	二级指标	教师评分 （70%）	组员评分 （30%）	总分
课堂表现 （20%）	上课积极程度 上课认真听讲			
能力掌握 （50%）	掌握自救与互救的操作方法 掌握应急救护的基本技能 学会分析案例中的操作方法			
课程总结 （30%）	撰写课程收获 自评实践演示操作 反思经验教训			
总分				
等级				

注：0~60 分为 D；61~77 分为 C；78~87 分为 B；88~100 分为 A。

（本案例编写者：林美华、农小芳、黄爱仙、韦祥庆、陈运生、黄业贵、李想、蒋鸿杰）

案例 5　美食制作与鉴赏

【一般项目】

　　课程名称：美食制作与鉴赏

　　课程性质：综合实践

　　适应年级：初二

　　总课时：18 课时

▶▶▶ 课程说明

　　这是一个全民小康的时代，人们从最初追求吃得饱的阶段逐渐转变到追求吃得好、吃得健康的阶段。因此，从中学开始掌握食品制作与鉴定的技能，便成为一项重要的学习内容。

　　这门课程将带领大家走进生活厨房这一小世界，让你深入了解厨具的使用方法和食材的处理技巧，明确各类食物的制作关系。这门课程共十八个课时，从"知行合一"的学习理念出发，既注重知识传授，又强调实践操作，帮助同学们拓展视野，提升能力。

　　人间烟火气，最抚凡人心，走进厨房，走进生活。

【具体方案】

▶▶▶ 背景分析

1. 学校育人目标

　　学校的培养目标必须通过课程来实现，学校一切教育活动都是课程。如何在学科教学中加强劳育，渗透"会生活、懂生活、善自主、能独立、惹人爱"的要求，对大多数教师都是一个抽象的问题——听起来很简单，做起来不简单，因此学校需要在机制方面给予充分的保障。本课程旨在培养学生的动手能力，让学生学会生活，掌握生活技能，热爱生活。

2. 学生发展需求

初中生正处于青春期，这个时期他们的情绪往往容易受到外界因素的影响，出现一些持续性的情感波动。因此，通过学习烹饪技术来缓解这种情绪变化，已成为一种常见且有效的教育手段。简单的烹饪技巧不仅能够帮助学生发现生活中的美好，还能让他们的情绪得到释放，缓解负面情绪对学生身心发展造成的不良影响。通过烹饪过程，学生能够从一个新的视角看待生活，培养审美能力。同时，这门课外技能也能够帮助他们发展独立性和自信心，为培养完整的育人模式奠定基础，帮助学生实现多方面的进步。

▷▷▷ **课程资源**

教师系统地掌握了"烹饪技术与艺术"相关课程内容，同时深入学习了教育学领域的专业知识。此外，学校已经为教学工作配备了完整的教学场所，并配置齐全了烹饪教学所需的基本仪器设备。

▷▷▷ **课程目标**

1. 知识与技能

（1）能够说出食物中包含的营养素，掌握基本的烹饪技能和厨房安全知识。

（2）会简单的烹饪技术，会做出冷盘、炒菜和汤。

2. 过程与方法

（1）通过自主探究和小组合作，动手动脑创新出家常菜制作的新方法。这个过程不仅锻炼了学生的动手能力，更培养了他们的创新思维和解决问题的能力。

（2）在学习的过程中提高动手能力，在生活中增强食品安全意识。

3. 情感、态度与价值观

（1）通过本课程的学习，体验做菜的乐趣，培养自信心，热爱劳动。

（2）养成认真细心、勤俭节约、讲究卫生、注意劳动安全的好习惯。同时也学会感恩，养成不挑食的好习惯，让学生更加热爱生活。

▷▷▷ **课程内容**

预备单元：认识厨房

C1：了解厨房、厨具安全知识（2课时）

第一单元：认识厨具与食材

C1：厨具的使用（1课时）

C2：食材的处理（1课时）

C3：调料的搭配（1课时）

C4：厨余垃圾的处理（1课时）

第二单元：烹饪技巧与美食制作

C1：凉拌土豆丝（2课时）

C2：番茄牛肉汤（2课时）

C3：辣子鸡丁（2课时）

C4：蒜蓉蒸排骨（2课时）

C5：油焖大虾（2课时）

第三单元：成果展示

C1：我是小小厨师（1课时）

C2：我是美食鉴赏家（1课时）

▶▶▶ **课程实施**

(1) 主要的教学方法：讲授法、演示法、视频展示法、直观法。

(2) 主要的学习方法：合作学习法、实践法。

(3) 所需的教学条件：多媒体教室、相应厨具、配套安全措施。

单元主题	课程内容	学习内容	实施要求	主要教学方法和学习方法
预备单元认识厨房	了解厨房、厨具安全知识（2课时）	1. 掌握厨房安全用火用电相关知识。 2. 学会对各种菜品的评鉴与欣赏	教师向学生讲述厨房基本安全知识，然后进行总结。 学生观看各类厨具的安全用法以及烹饪菜品相关视频，分组讨论对这些厨具用法的感受和菜品制作的构思	教师讲述厨房安全知识，并用多媒体展示美味的菜品。 学生构思菜品的制作方法

续表

单元主题	课程内容	学习内容	实施要求	主要教学方法和学习方法
第一单元 认识厨具与食材	第一课 厨具的使用（1课时）	学习刀具、厨具等使用知识，并进行简单的实操	教师向同学讲授厨具的使用方法，再实际演示厨房用具的使用。学生通过教师传授并进行小组讨论总结。学生在老师的指导下进行实操	教师运用演示法和直观法，现场直观展示厨具的使用以及使用原理。
	第二课 食材的处理（1课时）	了解食材本身的特性，了解食材间的相生相克	教师演示一些常见的食材处理方法，引导学生进行实际操作。教师讲解哪些食物一起会产生毒素	教师演示食材处理方法，讲解食品安全知识。学生聆听教师传授的理论知识，并进行实际操作
	第三课 调料的搭配（1课时）	了解各调料的用法、用量与搭配方法	教师向学生传授调味品的用法及用量。学生在老师的指导下调出自己喜欢的味道	
	第四课 厨余垃圾的处理（1课时）	学习掌握厨房垃圾的处理相关内容	教师通过多媒体讲解对厨具油渍、糊锅等事情的处理，并在之后的实际操作中进行实践	教师通过讲授法和演示法，讲解正确清洁厨具的方法
第二单元 烹饪技巧与美食制作	第一课 凉拌土豆丝（2课时）	1. 学习如何制作凉拌土豆丝。2. 分析酱汁与凉拌的关系	教师通过演示法向学生展示凉拌土豆丝制作过程。学生详细研究制作细节，并通过合作实践制作菜肴，然后品尝自己做的菜，总结优点与不足	教师运用演示法展示菜品凉拌土豆丝和番茄牛肉汤的制作过程。学生加入到烹饪食材的实践活动中，体验相互协作的乐趣，并在制作完成后总结经验，发现不足
	第二课 番茄牛肉汤（2课时）	1. 学习如何制作番茄牛肉汤并进行实操。2. 分析自己操作的优缺点	教师通过演示法向学生展示番茄牛肉汤制作过程。学生详细研究制作细节，并通过合作实践制作菜肴，然后品尝自己做的汤，总结优点和不足	

续表

单元主题	课程内容	学习内容	实施要求	主要教学方法和学习方法
	第三课 辣子鸡丁 （2课时）	1. 掌握制作辣子鸡丁的方法，以及制作过程各阶段时长与火候。 2. 总结制作方法	教师通过演示法教学生处理青红辣椒与鸡丁，然后教学生控制火候制作辣子鸡丁。 学生动手实践，教师指导并保护学生	教师运用演示法和讲授法，指导学生制作辣子鸡丁。 学生在实践当中掌握制作过程
	第四课 蒜蓉蒸排骨 （2课时）	1. 掌握蒸排骨的时间与火候。 2. 学会制作蒜蓉	教师通过演示法向学生展示蒜蓉蒸排骨制作过程。 学生了解制作方法后，小组合作实践制作并相互品尝，总结优点与不足	教师运用演示法指导学生掌握蒜蓉蒸排骨的制作步骤。 学生在合作实践当中掌握烹饪技巧
	第五课 油焖大虾 （2课时）	1. 掌握虾的处理方法。 2. 掌控焖虾油温的高低	教师通过演示法向同学展示油焖大虾的做法。 学生了解制作方法，在老师的指导下，正确安全地制作菜品，总结不足	教师运用演示法让学生了解制作方法。学生在教师指导下安全制作
第三单元 成果展示	第一课 我是小小厨师 （1课时）	复习菜品制作方法，动手实践	教师指导，学生自主选择菜品，小组合作制作一道菜品	教师指导学生相互合作交流，小组合作制作菜品。教师和学生共同品尝制作的美食。
	第二课 我是美食鉴赏家 （1课时）	回顾美食鉴赏知识，学会鉴赏各组制作的菜品	教师和学生共同品尝制作的美食，教师点评学生制作的美食，学生相互之间进行评价，师生一同选出优秀的菜品	教师点评学生制作的美食，学生相互之间进行评价，师生一同选出优秀的菜品

▶▶▶ *课程评价*

1. 评价活动

（1）教师通过课堂观察评价学生的课堂表现。

（2）教师通过食材处理和烹饪技巧的考察，了解学生对技能掌握的熟练程度，通过厨房安全知识竞赛问答，注重对学生安全意识的培养。

（3）教师通过对学生菜品烹饪过程的参与度、所烹饪菜品的完成度，评价学生综合运用能力和小组合作能力。

（4）学生通过撰写课程感想，体会学习本课程的意义、收获和不足。

▶▶▶ **成绩评定**

（1）平时表现（20%）：包括课堂纪律、出勤率以及参与活动的积极性。

（2）厨房基础知识（10%）：根据学生参与的厨艺基本知识竞赛成绩来评定。

（3）厨艺观察表现（10%）：包括每次观察活动的内容以及各小组分工合作的安排。

（4）厨艺活动（35%）：包括动手实践能力和小组合作协调能力的评定。

（5）成果展示（25%）：由学生和老师共同评定，老师评价占50%，学生评价占50%，包括厨艺成果展示及其厨艺的分享。

评分表

一级指标	二级指标	教师评分（50%）	学生评分（50%）	总分
平时表现（20%）	课堂纪律 出勤率 参与活动的积极性			
厨房基础知识（10%）	厨艺基本知识竞赛成绩			
厨艺观察表现（10%）	观察活动的内容 各小组分工合作的安排			
厨艺活动（35%）	动手实践能力 小组合作协调能力			
成果展示（25%）	厨艺成果展示 厨艺分享			
总分				
等级				

注：0～60分为D；61～79分为C；80～89分为B；90～100分为A。

（本案例编写者：钟云清、张良杰、颜威燧、许赟生、胡驰文、洪进、沈海、杨云添）

案例 6 小小厨师我来秀

【一般项目】

课程名称：小小厨师我来秀

课程性质：综合实践

适应年级：五、六年级

总课时：18 课时

▷▷▷ **课程说明**

你是否对美食充满热爱？你是否希望自己动手制作美食？你是否想感受烹饪的乐趣？

这门课程将带你一起揭开美食的神秘面纱，赋予食物绝美的面貌与味道。本课程共十八个课时，以食物为中心从最基础的菜品制作开始，涵盖了不同口味、不同做法的美食菜系。在不断的尝试中，你将逐渐掌握烹饪技巧的精髓，发现自己独特的创作思路，让作品充满个性与创意。

让我们一起品味美食，走进烹饪的世界，在舌尖上创造惊喜，于厨艺的舞台展示自己的美味创意。

【具体方案】

▷▷▷ **背景分析**

1. 社会需求

随着社会结构的变化，人们对生活方式的需求也在不断变化，本课程致力于培养学生的烹饪技能，满足人们对饮食的需求，适应社会变革的要求。本课程以烹饪为核心，通过实践操作让学生掌握烹饪技艺，增强学生的自信心和开阔学生的视野。学习烹饪技能可以帮助学生更好地面对未来的挑战和机遇，更好地适应社会的变化。

2. 学校育人目标

学校以"帮助孩子系好'第一粒扣子',让每个孩子成为最好的自己"为教育理念,以"崇文尚武"为办学特色,让每个学生都能在校园里获得高品质教育,得到德智体美劳全面发展,逐步实现"人人有特长,个个有自信"的育人目标。每个孩子都有其自身的优点与特长,他们缺少的是挖掘潜力的机会。本课程能够培养学生的烹饪和生活技能,使学生掌握简单的烹饪技巧,了解食物的营养,提高生活自理能力。在学习烹饪的过程中,学生用双手创造了美味,也学习到了新的劳动技能,收获了自信与成长,这对他们发现自身特长、增强自信心具有重要的意义。

3. 学生发展需求

这一阶段的学生求知欲旺盛,在思维、认知、兴趣爱好等方面的差异日渐扩大,全面发展的学生开始显现,有特长的学生也较突出,使得一部分学生会出现情绪低落、自信心不足的现象。由此,学习简单的烹饪技巧,可以让他们多多发现自己身上的优点与特长,从而增强学生的自信心。通过这门课程的学习,学生可以掌握基本厨艺的知识与技能,培养兴趣爱好,提高生活自理能力和实用技能。

▷▷▷ **学校资源**

在教师方面,学校在教师队伍建设方面表现优异。为了提升学生的实践能力和厨艺,学校特别邀请专业厨师参与教学工作,他们将指导学生正确运用厨具和食材,系统教授餐饮知识与烹饪技巧。

在教学资源方面,学校精心打造了一个占地 500 多平方米的年度劳动实践基地,为学生提供宽敞的实践空间和良好的学习环境。在此基础上,本课程得到了充分的教学资源和现代化设备支持,可以通过多媒体技术、实地观察和亲身体验等多样化教学方法,最大程度地提升学生的实践能力。

▷▷▷ **课程目标**

1. 知识与技能

(1)了解食品搭配、厨具使用以及烹饪技巧等方面的知识,能记住烹饪的方法,掌握制作一种菜品所需步骤。

(2)能够运用所学的烹饪技巧,制作生活中的简单菜系,掌握厨房的基本技能。

2. 过程与方法

（1）通过欣赏优秀美食作品，感受食物中的艺术美感与烹饪之妙，进一步掌握制作诸多美味佳肴的具体技艺。

（2）通过与小组成员齐心协力地探讨烹饪诀窍，不仅能收获丰富的实践经验，更能感受到食物背后蕴含的思想与情感深度；不仅能提升素养，还能培养独到的见解与创新能力。

（3）通过在生活中尝试进行烹饪，体会食物带来的美味与快乐。这不仅仅是味蕾的享受，更是对生活的热爱与探索，而且能让学生用心生活，提升实践能力。

3. 情感、态度与价值观

（1）用烹饪技巧的实践来建立自己的责任感、合作意识和自理能力。

（2）养成对生活中的事物抱以实践劳动的习惯，能为制作出美味食物而感到愉悦，做到欣赏生活、热爱生活，积极弘扬劳动精神。

▷▷▷ **课程内容**

预备单元：初识"烹饪"

C1：认识饮食文化及烹饪意义（1课时）

第一单元：走进烹饪世界

C1：遇见食物（1课时）

C2：常见的厨具及调料（1课时）

C3：厨房里的危险（1课时）

第二单元：食见生活

C1：夏季凉拌菜（1课时）

C2：阳光煎蛋（1课时）

C3：酸辣土豆丝（1课时）

C4：生活不过一饭一"蔬"（1课时）

第三单元：烟火里的际遇

C1：黄金蛋炒饭（1课时）

C2：舌尖上的面（1课时）

C3：豆腐情思（1课时）

第四单元：尝一口人间烟火

C1：可乐鸡翅（2课时）

C2：味觉糕点（2课时）

C3：厨艺大赛（2课时）

总结单元：玩转"厨艺"

C1：连结生活与美食（1课时）

▶▶▶ **课程实施**

（1）主要的教学方法：直观法、口述法、实际操作法、教师指导下的学习活动法。

（2）主要的学习方法：自主学习、合作学习、探究学习。

（3）所需的教学条件：多媒体设备、相关的劳动实践基地、厨房设备。

单元主题	课程内容	学习内容	实施要求
预备单元 初识"烹饪"	第一课 认识饮食文化及烹饪意义 （1课时）	1. 学习中国的饮食文化以及学习做菜的意义。 2. 欣赏优秀的美食作品。 3. 完成小组分组	教师向学生讲述烹饪的相关信息以及学习的意义，最后教师进行总结。 学生观看八大菜系的图片，一起讨论为何要学习烹饪技巧
第一单元 走进烹饪世界	第一课 遇见食物 （1课时）	1. 学习基本的菜品搭配和制作。 2. 分析和寻找生活中的食物搭配	教师讲解食物搭配的理论和制作。 学生欣赏有关的美食作品，然后小组讨论其中的烹饪技巧
	第二课 常见的厨具及调料 （1课时）	1. 学习厨具和调料的基本理论和注意事项。 2. 寻找并分析厨房中经常使用的厨具与调料	教师讲解常见厨具与调料的理论和注意事项。 学生欣赏有关厨具与调料的图片，分析各厨具与调料之间的不同处
	第三课 厨房里的危险 （1课时）	1. 学习厨房的危险事项以及需避免的操作。 2. 了解厨具使用中会发生的危险	教师讲解在厨房中应避免的操作。 学生观看厨具使用不当会造成的后果的视频，分析使用中的注意事项。 学生小组讨论如何安全使用厨具

续表

单元主题	课程内容	学习内容	实施要求
第二单元 食见生活	第一课 夏季凉拌菜 （1课时）	1. 学习制作凉拌菜的技巧与操作。 2. 能制作出简单的凉拌菜	教师讲授制作凉拌菜的操作、方法。 学生观看教师的实际操作，小组探究归纳方法并进行实践
	第二课 太阳煎蛋 （1课时）	1. 学习制作煎蛋的特点和操作。 2. 能发现制作煎蛋的技巧	教师讲授煎蛋的操作、方法和技巧。 学生观看教师的实操，小组探究归纳方法
	第三课 酸辣土豆丝 （1课时）	1. 学习做酸辣土豆丝的方法和操作。 2. 能发现制作酸辣土豆丝的技巧	教师讲授做酸辣土豆丝的操作、方法和技巧。 学生观看教师的操作，小组探究归纳方法
	第四课 生活不过一饭一"蔬" （1课时）	1. 根据清炒青菜的知识，炒出简单的青菜。 2. 与小组成员交流技巧	教师布置任务，并进行点评。 学生以小组为单位进行炒青菜的操作，并分享交流
第三单元 烟火里的际遇	第一课 黄金蛋炒饭 （1课时）	1. 学习蛋炒饭的操作方法，形成制作蛋炒饭的技巧。 2. 能制作出蛋炒饭	教师进行蛋炒饭的操作，引导学生感受制作蛋炒饭的方法技巧。 学生进行实践，讨论如何做出好吃的蛋炒饭
	第二课 舌尖上的面 （1课时）	1. 学习煮面条的方法与技巧。 2. 能进行实践并制作出家庭版的面条	教师教导学生煮面条的方法与技巧，引导学生感受烹饪的美好。 学生根据操作煮面条，讨论判断面条熟了的条件
	第三课 豆腐情思 （1课时）	1. 学习制作麻婆豆腐的方法与技巧。 2. 能进行实操制作出麻婆豆腐	教师制作麻婆豆腐，引导学生感受制作的方法与技巧。 学生在小组间制作麻婆豆腐

续表

单元主题	课程内容	学习内容	实施要求
第四单元 尝一口 人间烟火	第一课 可乐鸡翅 （2课时）	1. 学习腌制鸡翅和焖制可乐鸡翅的技巧。 2. 能实践并制作可乐鸡翅	教师通过实际操作制作可乐鸡翅，传授可乐鸡翅的制作技巧。 学生根据教师的指导进行可乐鸡翅的制作
	第二课 味觉糕点 （2课时）	1. 简单糕点的制作方法与技巧。 2. 能发现和欣赏烹饪所带来的美感	教师指导学生制作糕点。 学生感受食物的美好，进行实际操作并分享所制作的糕点
	第三课 厨艺大赛 （2课时）	1. 利用前面课程所学的知识，小组间制作菜品，并进行美食竞赛。 2. 能发现烹饪的美以及制作美食的技巧	教师通过举办厨艺大赛来感受学生对所学知识的掌握。 教师对学生制作的菜品进行品尝并打分。 学生感受食物所带来的美，讨论并制作出富有创意的美食
总结单元 玩转"厨艺"	第一课 连结生活与美食 （1课时）	撰写自己对于这门课程的心得体会，分析自己的收获与不足	教师给定时间和任务。 学生以个人为单位，运用所学知识进行总结与反思。 学生分享交流，并对其他组进行点评

▷▷▷ **课程评价**

1. 评价活动

（1）教师通过课堂观察评价每位学生的课堂表现。

（2）教师通过了解学生对所学的理论知识掌握情况以及对厨具操作的熟练程度，评价学生对课堂烹饪技巧的掌握情况。

（3）教师通过美食大赛的得分与参与度，评价学生综合运用能力与小组合作能力。

（4）学生通过撰写心得体会，感受学习本课程的意义，并谈谈自己的收获与不足。

2. 成绩评定

（1）课堂表现（20％）：其中出勤率占10％，参与次数占10％。

（2）课堂活动（30％）：其中厨具操作占20％，理论知识占10％。

（3）美食竞赛（40％）：运用理论知识完成烹饪任务。

（4）心得体会（10％）：分享交流心得，学会评价作品。

评分表

一级指标	二级指标	教师评分（50％）	组员评分（30％）	学生自评（20％）	总分
课堂表现（20％）	出勤率 参与次数				
课堂活动（30％）	掌握烹饪理论 掌握厨具操作				
美食竞赛（40％）	运用理论知识 完成烹饪任务				
心得体会（10％）	分享交流心得 学会评价作品				
总分					
等级					

注：0～60分为D；61～77分为C；78～87分为B；88～100分为A。

（本案例编写者：梁丽莹、黄炳凤、黄艳秋、黄艳凤、梁茜琳、张维群、周木林、吴少恩）

案例 7　开心农场果蔬栽培

【一般项目】

课程名称：开心农场果蔬栽培

课程性质：综合实践

适应年级：五年级

总课时：18 课时

▶▶▶ **课程说明**

春意藏，夏初长，风暖人间花草香。小小果蔬园里真神奇，可锻炼动手能力，培养自然意识，你是否想要探索其中的奥秘？

这门课程将带你进入田园生活，探索其中的美妙与乐趣。本课程共十八个课时，涵盖种植、收获、分享等全方位的体验内容。课程配备丰富的实践活动，帮助你全面掌握栽培知识和技能的同时，培养探究精神和实践能力。

让我们在小小的菜园里，挖呀挖呀挖，种小小的种子，收获大大的果实，体验亲手种植果蔬！

【具体方案】

▶▶▶ **背景分析**

1. 学校育人目标

学校以"传民族文化，厚劳动素养，培养壮乡全面发展好少年"为育人目标，坚持"以劳树德、以劳增智、以劳强体、以劳育美综合育人"教育思路，搭建劳动教育实践的平台，结合学生年龄特点和学段目标，培养学生"爱学习、爱劳动、爱生活"的人生态度。蔬果种植让学生通过种植→收获→制作→分享一站式体验，感受到劳动的意义，在辛苦中体会快乐，在分享中体会幸福。这既让学生掌握了相关技能，又传承了民族文化。

2. 学生发展需求

五年级学生年龄较小，具有较强的动手能力和好奇心，乐于亲近自然。通过组织果蔬栽培劳动实践活动，学生走出课堂，亲历果蔬从种子到成熟的成长过程。在这一过程中，他们不仅能够增长技能、学会劳动，还能进一步提高劳动能力，培养学习兴趣和创新能力。这些活动面向全体学生，注重生活技能的学习，旨在培养积极向上的生活态度。同时，通过参与劳动技术实践，学生能够掌握基本技术知识与技能，深入了解劳动世界，理解劳动的意义，从而形成正确的劳动观和热爱生活的思想感情。

▷▷▷ **课程资源**

教师大学是师范专业，具有一定的教育培养能力，学过一些"果蔬栽培"相关的专业知识，且在大学劳动课动手操作实践过，具有一定的动手操作能力。果蔬栽培主要以培养学生的动手操作能力为主，培养理论知识为辅，对学生是否有相关专业知识没有要求。学校的空地就是良好的教学实体，校园内的花圃为课程的户外教学活动提供良好的实体资料。

▷▷▷ **课程目标**

1. 知识与技能

（1）了解每个节气种植的果蔬种类，说出生活中常见的果蔬栽培方法。

（2）掌握使用简单的工具和器材进行栽种、修剪植物的技巧，同时也要掌握科学的种植方法。

2. 过程与方法

（1）通过除草、翻地、播种、移苗、浇水等实践活动，观察并记录下果蔬生长的每一个过程，这不仅能提升学习能力，而且是塑造思想的重要环节。

（2）通过收获并品尝成熟果蔬，可以进一步加深对生活的理解，提升素养、能力和思想境界。

3. 情感、态度与价值观

（1）在种菜、收菜、吃菜中，体验劳动带来的快乐，感受合作交流、团结协作的重要性，增强班组的凝聚力。

（2）懂得感恩，感受大自然的丰富美感、顽强生命力，培养学生对自然、家乡和祖国的热爱之情。

（3）种菜中可培养学生的环保意识和吃苦耐劳的顽强意志，并懂得合作、分享。

▷▷▷ **课程内容**

预备单元：初识"果蔬"

C1：初识果蔬（1课时）

第一单元：认识果蔬与农具

C1：不同节气果蔬的分类概述（1课时）

C2：常见果蔬生长的环境条件（1课时）

C3：农具的认识与展示（1课时）

C4：农具的使用方法（1课时）

第二单元：我和果蔬有个约会

C1：种植工作的准备（1课时）

C2：现代栽培技术展示（1课时）

C3：常见果蔬的种植方法（1课时）

C4：果蔬的施肥与管理（2课时）

第三单元：我的菜园我做主

C1：番茄的种植（2课时）

C2：辣椒的种植（2课时）

C3：种植日志（1课时）

C4：种植展示与互评（2课时）

总结单元

C1：畅享绿色美味（1课时）

▷▷▷ **课程实施**

（1）主要的教学方法：直观法、口述法、教师指导下的学习活动法。

（2）主要的学习方法：自主学习、合作学习、探究学习。

（3）所需的教学条件：多媒体设备、相关种子和种植工具、学校空地。

单元主题	课程内容	学习内容	实施要求	主要教学方法和学习方法
预备单元初识"果蔬"	第一课初识果蔬（1课时）	1. 学习种植果蔬的相关概念和意义。2. 学会使用简单的工具和器材栽种、修剪植物，掌握种植的科学方法等。3. 完成小组分组	教师给学生观看种植果蔬相关视频，并讲述种植果蔬相关信息。最后教师进行总结。学生分组讨论对观看内容的感受	教师运用口述法和直观法，通过直观的种植视频，讲述种植的相关信息。学生通过合作学习讨论
第一单元认识果蔬与农具	第一课不同节气果蔬的分类概述（1课时）	1. 介绍不同时令果蔬。2. 气候与果蔬的关系	教师通过课件讲述不同时令果蔬的相关信息。学生分组讨论并对不同节气果蔬进行分类以及自己对气候与果蔬关系的理解	教师运用直观法和口述法传授方法理论。学生通过接受学习和合作学习，学习课堂传授的理论知识，小组讨论感受与其他内容
	第二课常见果蔬生长的环境条件（1课时）	学习常见果蔬生长环境	教师通过课件讲述常见果蔬生长环境和生长条件。学生自主探究	
	第三课农具的认识与展示（1课时）	1. 认识简单种植工具，初步了解种植工具的一些基本知识。2. 展示实物农具	教师通过图片和实物展示向学生介绍简单种植工具。学生了解相关知识后进行实际体验	
	第四课农具的使用方法（1课时）	1. 介绍简单种植工具的使用方法。2. 走进基地进行实践，亲自动手，体验农具的使用感受	教师通过视频展示向学生介绍简单种植工具的基本使用方法，然后带领学生走进基地进行实践。学生了解相关方法后进行实际体验	

续表

单元主题	课程内容	学习内容	实施要求	主要教学方法和学习方法
第二单元 我和果蔬有个约会	第一课 种植工作的准备 （1课时）	1. 参观试验田，划分小组区域。 2. 把土翻松	教师带领学生参观试验田并组织学生分组且划分试验田小组区域。 学生利用已有知识和技能进行松土实践	教师运用直观法和口述法，通过展示相关图片讲述种植方法相关理论。 学生通过接受学习和合作学习，学习课堂传授的理论知识，小组讨论交流并选择植物进行种植
	第二课 现代栽培技术展示 （1课时）	1. 参观附近农场。 2. 了解基本的栽培技术	教师带领学生到附近农场参观，学习各种果蔬的栽培方法，将理论学习具体化。 学生直观感受栽培过程，了解基本栽培技术	
	第三课 常见果蔬的种植方法 （1课时）	1. 学习常见的果蔬的生存环境，以及翻土划沟、种植等方法。 2. 了解植物的基本生长过程	教师向学生讲述常见果蔬翻土、播种等相关信息，最后教师总结。 学生进行分组讨论交流，并选出自己喜欢的植物进行种植	
	第四课 果蔬的施肥与管理 （2课时）	1. 学习植物施肥步骤、方法和后期除草、浇水等管理。 2. 根据已学知识进行小组交流并轮流照顾观察植物	教师向学生教授一定的规范操作以及注意事项。 学生根据已学知识分组进行实际操作，探究种植过程中遇到的问题和困惑	

续表

单元主题	课程内容	学习内容	实施要求	主要教学方法和学习方法
第三单元我的菜园我做主	第一课番茄的种植（2课时）	1. 师生准备好种植工具。2. 介绍番茄的种植方法。3. 师生共同播种	教师引导学生回忆番茄是如何生长和发展的（包括从种子到植物的不同阶段），指导学生按照适当的间距在土壤中播种番茄种子。学生按照步骤将种子埋在土壤中，然后轻轻拍实土壤，最后适量浇水	教师使用示范教学法向学生展示如何进行番茄种植，包括准备种植材料、播种等过程。学生通过教师示范，能够清楚地了解每个步骤的操作方法；又通过体验式学习和合作学习法，师生共同完成种植过程
	第二课辣椒的种植（2课时）	1. 准备好种植工具。2. 探索番茄和辣椒的不同之处。3. 师生一起种植辣椒	教师引导学生回忆辣椒的基本信息，提问学生种植番茄和辣椒的不同之处；指导学生播种。学生按照适当的间距在土壤中播种辣椒种子，将种子埋在土壤中，然后轻轻拍实土壤，适量浇水	教师使用问题导向学习法和交流法，在种植过程中提出辣椒和番茄种植的区别等问题，师生积极探讨交流，引导学生思考和解决问题
	第三课种植日志（1课时）	1. 学习制作表格、手抄报、问题发现卡。2. 根据对菜地的观察完成种植日记	学生每周通过填写记录表、绘画等多种形式来积累材料，记录自己的种植历程	教师指导下的学习活动法。学生通过展示自己的菜地，发现种植中出现的问题与成功的经验
	第四课种植展示与互评（2课时）	1. 展示自己的菜地或种植的蔬菜。2. 分小组互相评价	教师带领学生一同前往菜地，学生分小组展示并介绍自己的菜地，接着各小组之间进行互评，同伴之间互相交流，分享自己的种植经验与技巧	

续表

单元主题	课程内容	学习内容	实施要求	主要教学方法和学习方法
总结单元	第一课 畅想绿色美味 （1课时）	1. 利用前面课程所学的知识，到学校指定种植地进行实践。 2. 撰写课程总结，分析自己的收获与遗憾	教师发布任务。学生会使用简单的工具和器材栽种、修剪植物，掌握种植的科学方法。最后学生分享交流，教师点评	教师指导下的学习活动法。 学生通过探究学习的方法，展示每个小组的作品，并且撰写课程总结，探究学习本课程的收获

▶▶▶ **课程评价**

1. 评价活动

（1）教师通过课堂观察评价每位学生的课堂表现。

（2）教师通过课堂提问的形式评价学生对果蔬种植基本知识的了解程度。

（3）教师通过观察学生在动手操作过程中的参与度和组员分工安排情况，评价学生的动手实践能力和小组合作协调能力。

（4）教师通过小组的观察日记和汇报情况评价小组成员对蔬果的日常培植情况。

（5）学生通过组内互评的方式对组内成员的表现进行评价。

（6）学生根据课堂表现、参与程度和学习态度进行自评。

2. 成绩评定

（1）课堂表现（20%）：其中出勤率占10%，发言次数占10%。

（2）实践活动（50%）：运用理论知识完成种植任务。

（3）成果展示（20%）：展示果蔬作品，学生互相评价。

（4）实践感想（10%）：分享收获果蔬种植经验。

评分表

一级指标	二级指标	教师评分（50%）	组员评分（30%）	学生自评（20%）	总分
课堂表现（20%）	出勤率 发言次数				
实践活动（50%）	运用理论知识 完成种植任务				

一级指标	二级指标	教师评分 （50%）	组员评分 （30%）	学生自评 （20%）	总分
成果展示 （20%）	展示果蔬作品 学生互相评价				
实践感想 （10%）	分享收获果蔬种植经验				
总分					
等级					

注：0～60 分为 D；61～77 分为 C；78～87 分为 B；88～100 分为 A。

［本案例编写者：蓝祝碧（组长）、张凤妮、黄婷、姚晓琴、廖安琪、黄晓燕、蒙茵茵、谭林丽］

后　记

　　《校本课程开发案例精选》秉承"以人为本"的思想，立足教育工作者的实际需求，旨在通过丰富的案例帮助读者掌握校本课程开发的方法与技巧。本书籍不仅为基础教育工作者提供了参考案例，还为高校课程开发工作提供了借鉴意义。希望它能为教师的成长和课程发展提供有益信息，同时激发更多教育工作者对课程设计的兴趣与探索。

　　特别感谢广西民族师范学院数学与应用数学专业 20 级数学教育全体学生，他们在编写校本课程开发案例中作出了非常大的贡献。

　　在此，还要特别感谢湖南师范大学出版社的王璞老师，她以其细致入微的工作态度，严谨不懈的工作作风和言行一致的专业精神，为本书的顺利出版作出了卓越贡献。

庞　莲

2025 年 4 月